Regeneración

José Antonio Gómez Hernández

Prólogo de Martu Garrote y Perico Echevarría

Primera edición: noviembre 2014
© José Antonio Gómez Hernández
ISBN: 978-1502774743

A todos y cada uno de los que luchan y se atreven a alzar la voz ante el estruendo del silencio cómplice

*Es improcedente hablar de reforma sin hacer
referencia a la forma.*

Gilbert Keith Chesterton

*El problema de la reforma es, en consecuencia, el
problema de destruir un círculo vicioso y de
construir otro, virtuoso, que lo reemplace.*

Aldous Huxley

PRÓLOGO

La Regeneración la hacemos todos

Martu Garrote

«Casta política», «partidos del régimen», «lo llaman democracia y no lo es», «yo he entrado en política para forrarme», «la corrupción es inherente a la política», «no me consta», «Luis se fuerte», «no vi el Jaguar en mi garaje», «¿por qué tengo yo que dimitir si hay otros que han hecho más y no dimiten?», «conspiración contra mí», «causa general a mi Partido», «lo siento me he equivocado y no volverá a suceder», «mi mujer no sabía nada»…

Todas estas frases que el avezado lector no tendrá dificultades para atribuir a su autor o autores, son un claro exponente de lo que está sucediendo en el panorama político español de este convulso 2014, pero que se viene gestando desde hace ya más de una década y que se hace extensivo a todos los ámbitos de la vida pública española: Jefatura del Estado, Sindicatos, Patronal, Justicia, Iglesia, Ejército, faranduleo, deportistas…

Todos parecemos estar de acuerdo en que España necesita una Regeneración Democrática, el principal problema radica en determinar qué entendemos cada uno de nosotros por

Regeneración Democrática, ya que si no hay consenso en la raíz de los problemas, difícilmente lo habrá en la solución a los mismos.

Partidos clásicos versus nuevas formas de participación política. Cada español tiene una idea sobre lo que es Regeneración Democrática, como de casi cualquier tema, que somos un pueblo de mucho pensar y mucho opinar, pero hay grandes diferencias sobre la raíz del problema entre los llamados partidos clásicos, el Partido Popular, el Partido Socialista y quizás, también, Izquierda Unida; y los partidos emergentes surgidos a raíz del 15M como son Podemos a nivel nacional o Ganemos en niveles municipales.

En los partidos clásicos podemos distinguir de una parte la reacción del Partido Socialista con la elección de una nueva Ejecutiva Federal desvinculada del pasado reciente, con la aprobación de nuevos mecanismos de elección que cuentan con la participación directa de todos y cada uno de los militantes, con la expulsión de sus filas de aquellos salpicados por escándalos, no solo jurídicamente hablando sino desde un punto de vista moral, publicando un Código Ético de obligado cumplimiento para cargos públicos institucionales y orgánicos del Partido, que ha dado un nuevo aire a sus 136 años de historia. Y de puertas afuera por la apuesta valiente por una Reforma Constitucional que acabe con las innumerables disfunciones que ha puesto de manifiesto el sistema político, electoral y territorial derivado de la Constitución del 78.

Y de otra parte, la no reacción del Partido Popular instalado en el «no me consta», «Luis, sé fuerte», hacemos lo que podemos, despidos en diferidos con forma de simulación, sobresueldos en A o B, obras ilegales en su sede, registros judiciales, borrado de discos duros, destrucción de información requerida por el juez, Tesoreros imputados y en la cárcel, comparecencias vía plasma, ruedas de prensa sin preguntas y gritos de «Santiago y cierra España».

Enfrente tenemos a los nuevos movimientos de participación ciudadana surgidos a partir del movimiento de protesta llamado 15M y que, recogiendo todo el descontento, la rabia, la indignación, el desconcierto y la miseria, apuestan por una Regeneración Democrática radical, aunque tampoco he conseguido encontrar negro sobre blanco en qué consistiría este final del «Régimen del 78» como ellos llaman al actual sistema democrático, financiero, territorial, laboral, judicial, etc. español.

A mí personalmente me ofende mucho cuando les oigo decir eso tan injusto como manido «lo llaman democracia y no lo es» porque recuerdo cuántos han dado su vida, su libertad, se han tenido que exiliar, han sufrido torturas, vejaciones y cárcel para que hoy, nosotros, podamos disfrutar de una democracia, de una libertad, de una Justicia que nos permite hasta cuestionarnos la propia democracia en sí.

También me ofende cuando se nos llama casta a aquellos que renunciamos a parte de nuestro tiempo de ocio, de nuestro tiempo de familia, de nuestras carreras profesionales, de todo lo que es prioritario para otros y se lo dedicamos a la Política, con mayúsculas. Nos llaman casta a los que nos preocupamos por los problemas de nuestros vecinos, de nuestros pueblos y ciudades, de nuestro país y del planeta entero. Los que nos dedicamos a leer, estudiar, dialogar, pelear, discutir, pensar y soñar en clave política.

Corrupción versus política en lugar de buenas prácticas políticas versus malas prácticas. Una de las grandes dificultades para llegar al origen de la situación actual es que los que corrompen, los que tienen interés en que haya menos política y más mercado, menos control de las instituciones y más libertad para enriquecerse a cualquier precio, han conseguido que en la ciudadanía se contraponga la idea de política a corrupción cuando esto sencillamente es un delito.

Lo que hay que contraponer a la política, a la buena política, son las malas políticas, la mala gestión política, la inutilidad política y no, nunca, jamás, la corrupción, que ya he dicho que es un delito y deberá ser perseguida por la Justicia y erradicada de las instituciones.

Tenemos que ser capaces de convencer a nuestros conciudadanos de que hay que analizar a los políticos por su gestión, no por su honradez, que ésta se les presupone y caso de demostrarse que carecen de ella, es tarea de la Justicia ocuparse de apartarlos de la vida pública y si es menester recluirlos en una celda. El día que metemos la papeleta en la urna tenemos que ser capaces de saber qué hará cada uno con ese precioso regalo que es el voto y elegir a aquellos que mejor gestionen lo público o cuyos principios y valores más se parezcan a los nuestros.

Generalización en lugar de particularización. Otro de los grandes logros de esos *Think Tank* del capital es conseguir que se hable de la corrupción como una cosa informe, como algo generalizado y difuso que afecta a todos los estamentos de la sociedad, a todas las instituciones y consustancial a la política, como dijo en su día Esperanza Aguirre sin que se le cayera la cara de vergüenza. Afortunadamente no es así, es verdad que hay corruptos en todas las organizaciones porque la capacidad de corromper de quienes disponen de millones y millones de euros para comprar voluntades es muy alta, pero también es cierto que esos que se dejan con una minoría dentro de las organizaciones a las que pertenecen.

De esta generalización tenemos gran parte de culpa, aquellos que cuando salta un escándalo de corrupción en un municipio, en una Administración cualquiera, buscamos de qué partido es el presunto antes de poner el grito en el cielo. Debemos rechazar con contundencia cualquier forma de corrupción, más aún si parte de nuestras propias filas, solo siendo contundente con los delincuentes, con los inmorales, con los ilegales, podremos presentarnos ante la sociedad como un Partido limpio en el que, en ocasiones, cada vez menos, se cuela algún listo.

No podemos caer en la tentación de entrar en la estrategia del poder de poner el ventilador, repartir la porquería y defendernos mediante el «y tú más», que otros sean corruptos, corruptores o consentidores de la corrupción, no hace menos repugnante la existencia de la misma en nuestras filas. Nuestros votantes no quieren saber que el adversario es peor sino que nosotros somos mejores.

Desconocimiento, frustración y miseria. Tramas corruptas de financiación ilegal de un Partido Político y sus campañas electorales como es Gürtel, estuvieron operando en España desde el año 2002 que nace en la Comunidad Valenciana y desde ahí se va extendiendo, fundamentalmente a Madrid y al resto de España. En aquellos años, el Gobierno de Aznar acuñó la frase «España va bien» y su Ministro, Montoro, alardeaba del *círculo virtuoso del ladrillo* que haría que todos los españoles ataríamos los perros con longanizas.

En aquellos años, con el Partido Popular al frente de España, la Comunidad de Madrid, la Comunidad Valenciana y otras, personajes como Correa, *el Bigotes* o *el Albondiguilla*, campaban a sus anchas repartiendo prebendas: Jaguars, viajes, bolsos caros, relojes, joyas... lo que hiciera falta para sus amiguitos del alma, pero los españoles no queríamos verlo, teníamos hipotecas baratas, créditos fáciles, vivíamos en buenos pisos, cambiábamos de coche cada pocos años, hacíamos viajes al extranjero, teníamos todo aquello con lo que habíamos soñado y nadie estaba por la labor de pinchar la burbuja tras la que se escondían los corruptos.

El advenimiento de esta gran estafa a la que llaman crisis ha tenido la virtud de hacer caer la venda de los ojos de todos aquellos que no querían saber, que querían seguir viviendo en esa España que iba bien aunque algunos metieran la mano en la caja pública, en la de todos. Mientras en nuestras casas no faltara de nada, qué importaba si el alcalde, el concejal de urbanismo o el ministro de turno recibieran sobresueldos en A, en B o en C. Pero ahora que el sueño se ha tornado en pesadilla, abrimos los ojos a la realidad, que lo público es de todos, no es verdad que no sea de nadie y que lo que se lleva un corrupto lo quita de la Sanidad, de la Educación de nuestros hijos, de nuestros mayores, de nuestras calles, de nuestros bosques, de nuestros mares…

La dificultad está en convencer a la gente de dos cosas fundamentales: la mayoría de los políticos son honrados, tanto que el 80% de ellos se dedican a lo público sin remuneración alguna, por vocación de servir, porque creen en que la política es la mejor manera de ayudar a sus vecinos, de mejorar sus pueblos y ciudades, de cambiar la vida de la gente, de hacer algo por el bien común. Y la segunda, tan malos son los que se dejan corromper como los corruptores, los grandes empresarios, el capital, los grandes lobbies de poder, que no tienen escrúpulos en pagar a quien haga falta para que se pliegue a sus intereses, por supuesto a costa de todos.

Hoy, que tenemos en España seis millones de parados, cuatro millones de ellos ya sin prestación por desempleo. Con un 30% de nuestros niños en el umbral de la pobreza, solo Rumanía en la Unión Europea tiene mayor índice de pobreza infantil que España. Con un millón y medio de familias que viven en la pobreza energética, es decir, que no pueden pagar sus facturas de luz y gas, hasta el punto de que Caritas pide que la gente que dona alimentos lo haga de legumbres ya cocidas porque las familias no tienen cómo cocinarlas. Con 40.000 desahucios al año, 40.000 familias que se van a la calle sin perspectivas de acceder a una vivienda o alquiler social. Con más de 500.000 españoles, la mayoría jóvenes bien formados que abandonan España en busca de un futuro en cualquier otro lugar del mundo. Cuando 1 de cada 5 universitarios abandonan antes de terminar la carrera porque no pueden hacer frente a las terribles tasas universitarias y a la falta de becas, ahora es que no estamos dispuestos a dejarnos chulear ni un euro más.

Para llegar hasta aquí han sucedido muchas cosas en muy poco tiempo. La caída de Lehman Brothers, el pánico bursátil, la crisis financiera, la explosión de la burbuja inmobiliaria, la falta de crédito consecuencia de todo lo anterior, el paro, la prima de riesgo, el España no va bien, todo se ha producido en un periodo histórico muy corto, apenas cuatro años, en los que los ciudadanos de a pie hemos pasado de ser flamante clase media a pobres sin solemnidad. Y esto, además de miseria, ha generado una tremenda frustración que cada cual paga con quien cree responsable de sus males, el

PSOE, el PP, los mercados, Merkel, los griegos, la patronal, los sindicatos, la Política, la democracia…

Libros como el que nos ofrece José Antonio contribuyen a poner un poco de luz en esta maraña de instigadores, culpables, cooperadores necesarios, encubridores y sufridores en casa. La reflexión profunda de los orígenes del problema, su análisis desprovisto de artimañas y fuegos de artificio y las soluciones desapasionadas que presenta son un buen comienzo para aquellos que de verdad quieren encontrar una luz al final de este túnel en el que nos encontramos metidos.

Martu Garrote es abogada, analista política y Secretaria de Políticas Autonómicas del PSOE de Chamartín.

Es cierto que en 1978...

Perico Echevarría

Regeneración es la palabra más representativa del libro que nos presenta José Antonio Gómez. El autor hace un análisis exhaustivo de nuestra actual coyuntura, donde gran parte de la ciudadanía siente que la política es una actividad lejana y ajena, circunscripta y dominada por unos pocos que no defienden el interés general. La globalización y un sistema económico capitalista que deja fuera de juego a grandes capas sociales de la población hacen necesario que exista otra forma de hacer política, que ejerza de contrapeso de esta situación creada y que corrija los desmanes provocados por los mercados financieros.

El mundo ha cambiado y mucho. Se habla de «Aldea Global» puesto que las nuevas tecnologías nos dan acceso a un total conocimiento de lo que sucede en todas las partes del globo. Eso hace que vivamos en una realidad cambiante y que pongamos en tela de juicio todos los conceptos establecidos. Y realmente creo que es bueno que, con todos esos conocimientos, intentemos construir una realidad mejor para nosotros y nuestros hijos. Este trabajo, que tengo el honor de presentar, es una reflexión sobre los cambios que necesariamente debemos llevar a cabo para vivir en un país más justo y equitativo.

La regeneración democrática en España es necesaria por un motivo esencial, nuestro país ha cambiado desde 1978, cuando se aprobó la actual Constitución. Hay una mayoría de ciudadanos que no ha votado este acuerdo de convivencia y no lo siente como propio. Y tienen razón, puesto que en 1978 salíamos de un régimen autoritario que duró más de 40 años y que vulneró de manera clara y evidente los derechos humanos más básicos. Hoy no se puede hacer dogma de aquello, pues los militares no saldrán ya de sus cuarteles para realizar un golpe de Estado, ni hay riesgo de una ruptura del orden establecido porque instituciones internacionales, de las que ya por suerte formamos parte, no permitirían tal extremo. Se debe buscar un nuevo acuerdo que incluya todas las sensibilidades políticas y que deje a las generaciones futuras un marco de bienestar, del que actualmente se carece.

Es cierto que en 1978 se votó una Constitución que fijaba una monarquía parlamentaria y también es cierto que dicha monarquía ha gozado de un respeto social importante durante mucho tiempo. No obstante, en los últimos años esta confianza se ha resquebrajado notablemente por casos de corrupción de miembros de la familia real y los ciudadanos se han preguntado si es mejor este u otro sistema de gobierno. Pese a que el rey es una figura decorativa y de representación en muchos aspectos, es inviolable y está por encima de los ciudadanos. No debemos tener miedo al debate monarquía-república, es algo que en algún momento tendremos que votar y decidir en libertad.

Es cierto que en 1978 se negoció un sistema electoral que estaba diseñado para que hubiese una estabilidad política. Hoy es percibido por los ciudadanos como un sistema que premia a unas minorías regionalistas y penaliza a los partidos de ámbito nacional. Asimismo, da una especial relevancia a la provincia, cuando las Comunidades Autónomas son las que gestionan en mayor medida nuestros recursos. Debemos intentar desarrollar un sistema en el que nos sintamos representados todos y en el que de manera democrática decidamos la capacidad de representación de cada fuerza política, sin olvidarnos nunca de las minorías.

Es cierto que en 1978 se forjó un acuerdo para que las naciones existentes dentro de España tuvieran un autogobierno. Hoy parece ser que tenemos que avanzar hacia otra forma de Estado porque hay una gran desafección a la política en dichas naciones, especialmente en Cataluña. La unidad de España no es ninguna verdad absoluta, si bien sigo creyendo que estamos mejor juntos que separados. Y desde luego, creo que se debe caminar en esa dirección sin imposiciones y sin victimismos.

Es cierto que en 1978 la Constitución estableció una segunda cámara, el Senado, que hoy muchos ciudadanos ven que tiene muy poca utilidad. Debemos avanzar hacia una verdadera cámara de representación territorial, dónde se expongan aquellos asuntos que atañen a las diferentes realidades de nuestra geografía. Considero que si logramos esto se resolverán muchos problemas que afectan al conjunto de los ciudadanos.

Es cierto que en 1978 el concepto de familia era otro y hoy ha evolucionado. Quienes redactaron nuestra Constitución vigente no pudieron imaginar las diferentes formas de familia que existen hoy. Creo que tampoco pensaron en la realidad de las personas LGTB, que gracias a José Luis Rodríguez Zapatero alcanzaron una igualdad legal que es aún referencia mundial.

Es cierto, en suma, que hay que cambiar lo que se pactó en 1978 pero hay que cambiarlo con memoria. El Partido Socialista y Obrero Español (PSOE), durante su gobierno, instauró la sanidad universal y gratuita, la educación obligatoria, las ayudas a los estudios universitarios y la ley de dependencia para nuestros mayores. Cuando hoy surgen propuestas mesiánicas y difíciles de llevar a la práctica y se quiere criminalizar con el término "casta" a quien tanto hizo por este país, no debemos olvidar los importantes aportes sociales y políticos que hicieron muchos patriotas, esos que trabajan duro y enseñan poco la bandera.

Las revoluciones del siglo XXI no son iguales que las anteriores que se produjeron en el mundo. No va a haber un cambio radical como el que nos proporcionó la Revolución Francesa. La revolución de hoy es construir un marco de convivencia donde estemos representados todos y donde democráticamente decidamos nuestro futuro, dando especial voz y voto a aquellos que por lo que se pactó en 1978 han quedado fuera del sistema.

De todo ello escribe José Antonio Gómez en este libro, en el que a través de sus propias opiniones, esboza un certero retrato del mundo en el que vivimos, y, sobre todo de la España de nuestros días. Y, siempre, de las opiniones ajenas pueden surgir las ideas adecuadas para lograr entre todos, la regeneración que tanta falta hace.

Perico Echevarría es periodista, analista político y Redactor Jefe de Diario Progresista

PREÁMBULO

Según el Diccionario de la Real Academia de la Lengua el término *Regeneración* significa «Reconstrucción que hace un organismo vivo por sí mismo de sus partes perdidas o dañadas». Esta definición biológica se puede aplicar al ámbito político, dado que el fortalecimiento de la democracia en España también ha provocado que se pierdan o se dañen aspectos fundamentales de cualquier régimen democrático.

España ha sido un país que, históricamente, ha tenido muy mala suerte con sus gobernantes o, tal vez, un país donde el pueblo no ha tenido el valor suficiente como para mover a esos malos gobernantes a cambiar sus modos de actuar para favorecer a los ciudadanos antes que a sus propios intereses. En todos los países del mundo se ha invocado con insistencia machacona en el destino grandioso de la patria. Lo vimos en el patriotismo de cabaret del franquismo. Lo vimos en la exaltación patriótica de De Gaulle. Lo vimos en el ascenso de Hitler al poder. Lo vimos durante el gobierno de Mussolini. Lo vimos en diferentes momentos de la historia de Japón. Lo hemos visto tantas veces y, en algunos casos, lo seguimos viendo ahora que ya parece que es una constante de cualquier régimen el ensalzar los valores excelsos de un país. Sin embargo, todo este ensalzamiento patriótico es una máscara para tapar la verdadera realidad, es la máscara del *Fantasma de la Ópera*. La patria lo tapa todo, sobre todo cuando el pueblo se vuelve borreguil y acepta tanta exaltación. Normalmente, estos cantos nacionalistas a la grandeza suelen venir desde tribunas próximas a las élites políticas conservadoras, económicas, empresariales y religiosas, es decir, aquellas que se favorecen de todo el entramado.

Vuelvo a España, donde ese anhelo de grandeza es constantemente exacerbado por parte de los partidos de la derecha y de las élites que les apoyan. Este país ha estado gobernado durante casi toda su historia por esas élites o por los poderes que las representan:

- Poderes empresariales
- Poderes eclesiásticos
- Poderes bancarios

- Poderes económicos

Esos poderes no creen en la democracia. Esos poderes no creen en la división de poderes. Esos poderes no creen en que la Soberanía Popular resida en el pueblo. Esos poderes creen sólo en sí mismos y en la utilización de los recursos de los gobiernos y de los Estados para engordar sus intereses.

España es un país donde siempre ha necesitado de mucho tiempo para generar cambios. Los dirigentes, sobre todo los que se asientan en los postulados conservadores, retrasan la aplicación de cambios en el sistema político a pesar de que sean necesarios y tan obvios como en la actualidad. La propia historia nos lo demuestra. No me voy a ir a los siglos en los que este país estuvo regido por reyes y por validos. No es necesario que muestre cómo la propia institución monárquica paralizaba cualquier modificación del statu quo manteniendo las instituciones anquilosadas en esquemas que nos colocaban en la cola de la evolución de otros países europeos. En España no nos enteramos de lo que estaba ocurriendo en Francia tras la Revolución Francesa. Cuando José Bonaparte quiso realizar modernizar las instituciones y el funcionamiento del Estado se le denigró hasta tal punto que hoy se le sigue viendo como un borracho o un mujeriego, cuando en realidad fue un gobernante que nos habría colocado en la vanguardia de Europa con las reformas que quiso introducir y que el cerrilismo hispánico no le permitió. Está claro que había un problema: la invasión por parte de Napoleón de nuestro país.

Las élites españolas también frenaron los cambios necesarios que se quisieron implantar en la II República. Las presiones de los poderes económicos, políticos conservadores, empresariales y eclesiásticos propiciaron que todas las necesarias reformas que fueron legisladas por el primer gobierno de Azaña. Su inmovilismo se comprobó en el *Trienio Negro* al paralizar y derogar las leyes de progreso del primer ejecutivo republicano.

Tras casi 40 años de dictadura franquista la Transición fue un ejemplo de cambio pacífico hacia la democracia desde un Estado totalitario. Ahí se pusieron los cimientos sobre los que asentar el nuevo régimen de libertades que iba a regir España.

Sin embargo, se dieron demasiadas cosas por supuesto y se impusieron algunos aspectos que, por imperativo del momento, eran necesarias, pero que el paso del tiempo y el asentamiento de la democracia que se presuponía de un país moderno, sobre todo desde la incorporación a organismos supranacionales y de la maduración de las distintas instituciones que conforman el entramado de cualquier Estado de Derecho. Han pasado otros 40 años desde que se inició ese proceso histórico, un proceso del que nos debemos sentir orgullosos, pero del que no estamos obligados a quedar presos porque la España de esos años posteriores a la muerte de Franco y de la dictadura era muy diferente a la actual. Por tanto, el régimen democrático debe ser actualizado de igual manera a cómo ponemos al día las aplicaciones de nuestro teléfono móvil o el sistema operativo de nuestros ordenadores. ¿Acaso aún seguimos trabajando con el Windows 6.0? Claro que no. Con la democracia ocurre lo mismo, ya que las necesidades de quienes tenemos la soberanía son muy diferentes. No se trata sólo de modificar la Constitución. España necesita un remozado integral, manteniendo aquellos que aún es válido para los tiempos actuales, modificando lo que pueda ser modificado, eliminando aquello que quedó obsoleto y creando un nuevo entorno que cumpla con las expectativas y las exigencias de un tiempo que es totalmente diferente a lo que teníamos en la segunda parte de la década de los 70 del siglo XX.

En este volumen se realizará un análisis de los aspectos que el autor cree que deben regenerarse en nuestra democracia. Vamos a ello.

LA REFORMA CONSTITUCIONAL

Los países evolucionan con el paso de los tiempos y sus leyes deben adecuarse a los nuevos tiempos porque esos cambios afectan directamente a la vida de los ciudadanos que se rigen por aquéllas en cualquier Estado de Derecho. España no es una excepción a este hecho y ha cambiado mucho desde los años de la Transición. Las necesidades de los españoles eran otras y las leyes eran otras. Sin embargo, en España cuesta mucho hacer cambios legislativos de calado y, cuando se hacen, suele ser porque vienen impuestos por instituciones externas.

Fue en el año 1978 cuando la Constitución Española fue aprobada, tras las duras negociaciones de aquellos que recibieron la tarea de su redacción, los que hoy llamamos *«Padres de la Constitución»,* y, como todo lo que se aprobó en aquella época, por las razones antes comentadas, el trabajo se quedó a mitad del camino. La amenaza de los cuarteles si el proceso de descentralización del Estado se cerraba en un modelo federalista hizo que no se fuera más allá de las Comunidades Autónomas. Las presiones de la Iglesia Católica, que en aquellos años tenía mucho poder, hicieron que no se avanzara hacia la laicidad y nos quedamos en la figura de la *aconfesionalidad*. Ya hemos hablado del sistema electoral y de los motivos por los que no se fue más allá. Lo mismo en lo referido a la Jefatura del Estado. España ya es un país donde la democracia ha madurado, donde no hay amenazas desde los cuarteles, donde la Iglesia apenas tiene peso y donde no hay aparatos pro-fascistas con poder. Es el momento de que se inicie un proceso constituyente para reformar nuestra Carta Magna y adecuarla a los tiempos que corren, porque, y esto es importante, dejar sin renovar la Constitución provoca que muchos ciudadanos tengan la sensación de que nuestra democracia está incompleta, que no es una democracia real.

En los últimos años hemos visto cómo la sociedad cambia casi minuto a minuto, avanza a una velocidad de crucero. Todo va muy deprisa y en multitud de ocasiones comprobamos como la política se queda atrás, que no sigue el ritmo de los cambios que se producen. A la democracia le ocurre lo mismo. Si esto se produce en pocos años, imaginemos lo que ha cambiado nuestro mundo desde el año 1978.

En aquellos años en los que los españoles aún nos estábamos despertando del mal sueño de la dictadura franquista, sólo existía un tipo de familia, la que se conformaba a través del matrimonio entre un hombre y una mujer, mujer que apenas se había incorporado al mercado laboral, ya que sólo un 27,5% trabajaba, una cifra muy baja si la comparamos con el más de 60% que actualmente trabaja fuera del hogar. Es decir, que la mujer tenía el trabajo en su casa, lo que se denominaba «sus labores», y el cuidado de los hijos. En este aspecto cada mujer tenía una media de tres hijos, mientras que en la actualidad apenas supera el hijo único. No se tenían reconocidos los derechos al aborto o no estaba aprobado el divorcio. Por supuesto, ni se planteaban las familias monoparentales o cónyuges del mismo sexo. En aquellos años las mujeres que tenían hijos sin estar casadas estaban estigmatizadas hasta tal punto que les robaban a sus bebés en los hospitales para venderlos a familias acomodadas que no tenían la posibilidad de tener descendencia.

Las relaciones laborales eran muy diferentes a las actuales. Se acababan de firmar los Pactos de la Moncloa y el mundo del trabajo estaba cambiando. En los primeros años de la Transición se podía comprobar que el nivel de incremento salarial estaba por encima del 15%, incluso en tiempos en los que la crisis del 73 aún tenía efectos sobre España, dado que, mientras que el resto de países occidentales habían rebajado el volumen de consumo de energía, la España tardofranquista aumentaba dicho consumo utilizando las reservas de oro del Banco de España para que los precios de los carburantes en la calle no reflejaran el precio real de los hidrocarburos. En 1978 el Salario Mínimo subió un 7,7%, lo que supuso una gran polémica. Los trabajadores recurrían a la huelga para lograr sus derechos laborales, para que sus salarios fueran dignos, para frenar a una clase empresarial que aún seguía manteniendo los modos autoritarios propios del siglo XIX y que el franquismo les blindó con la estructura del Sindicato Vertical. Los sindicatos tenían mucha fuerza, a pesar de que la afiliación sindical era pequeña y movilizaban a la clase trabajadora. La tasa de desempleo era del 7,6%, lo que se veía como una catástrofe.

En 1978 aún existían bolsas de analfabetismo, con una tasa del 17% de la población que no sabían ni leer ni escribir. La educación pública no estaba reconocida como un derecho y la estructura educativa no llegaba a toda la población, sobre todo en el mundo rural. Por otro lado, la educación superior y universitaria suponía a las familias un desembolso que en muchos casos no se podían asumir. Este dato lo vemos en dos factores. El primero, en el orgullo familiar que suponía que alguno de sus hijos lograra el título de Bachiller. El segundo, en la tasa de universitarios. En la España de 1978 sólo medio millón de jóvenes con edades comprendidas entre 18 y 25 años cursaban estudios universitarios, un 10,6% del total. Sólo estudiaban en la universidad aquellos que se lo podían permitir, ya que no había apenas ayudas o becas estudiantiles. Si un joven español quería cursar estudios universitarios y no residía en la localidad donde se encontraba su facultad tenía un gasto enorme puesto que debía pagarse alojamiento o transporte privado, dado que aún no existían las redes de transporte público que existen actualmente. Este hecho alejaba a los hijos de las clases trabajadoras de fuera de las zonas urbanas de la educación universitaria.

En la España de 1978 se estaba sufriendo una actividad terrorista muy elevada. Existían varios grupos que asesinaban basándose en supuestas reivindicaciones políticas. La más activa era ETA. Sin embargo, había otras como GRAPO y FRAP que también asesinaban y secuestraban. Por otro lado, existían otras organizaciones que defendían la lucha armada pero que apenas tenían actividad. Estas organizaciones terroristas nacieron durante el franquismo como respuesta a la represión de la dictadura. Sin embargo, una vez lograda la implantación del sistema democrático continuaron con sus asesinatos, sus secuestros, su extorsión. ETA actuó hasta el año 2.011 con un rastro de muerte que podemos ver en el siguiente cuadro:

AÑO	ASESINATOS
1975-1982	359
1983-1996	391
1997-2004	69
2005-2011	16

Esta actividad terrorista condicionaba también a la actividad política de aquellos años. En principio los principales objetivos de estas bandas se hallaban en los miembros de las Fuerzas Armadas, de la Policía y de la Guardia Civil, en cualquiera de sus escalas, aunque la gran mayoría de las víctimas pertenecían a las estructuras más bajas, aunque también fueron asesinados oficiales tanto del Ejército como de las Fuerzas de Seguridad del Estado. En estos años los políticos no eran un objetivo principal, aunque también fueron víctimas de la actividad terrorista, lo mismo que los miembros del Poder Judicial. A medida que avanzaba la democracia se hacía más evidente que estas organizaciones terroristas no tenían cabida dentro de la sociedad española. Otras fuerzas en Europa con mayor actividad que las españolas fueron entregando las armas para trasladar su lucha y sus reivindicaciones al plano democrático. El caso más significativo lo tenemos en Irlanda del Norte, con la disolución del Ejército Republicano Irlandés (IRA) y su entrada en el arco político por medio del partido de Gerry Adams, el Sinn Féin. En España el proceso de desarme está tardando más de lo deseado. En el caso de ETA, la izquierda abertzale entró en política a través de formaciones como Herri Batasuna. Sin embargo, a diferencia de lo ocurrido en Irlanda del Norte, la formación independentista seguía apoyada por la actividad armada, lo que llevó a continuas ilegalizaciones que venían acompañadas de refundaciones.

A nivel político, en la España de 1978 aún existía un consenso entre las fuerzas políticas, un consenso propiciado por la voluntad de establecer de manera definitiva el sistema democrático que los españoles quisieron adoptar tras el referéndum de diciembre de 1976. Había un gobierno de centro-derecha que, a pesar de estar formado por hombres que provenían de Régimen franquista, tenía un espíritu negociador con el resto de fuerzas de la oposición con el fin de finalizar con la función que el propio Jefe del Estado les asignó: la creación y asentamiento del sistema democrático en España. La clase política tenía una alta valoración entre la ciudadanía porque las cabezas visibles se veían como los paladines que iban a luchar por las verdaderas necesidades del pueblo. Por otro lado se encontraban los nostálgicos del franquismo. A pesar de que habían perdido toda la representación en las Cortes, ya que en las

Elecciones Generales de junio de 1977 los españoles decidieron que los partidos que se integraban en el Movimiento Nacional ya no fueran sus representantes. Sólo quedaba el residuo de la Alianza Popular de Manuel Fraga, donde se integraban antiguos ministros de Franco e, incluso, ex Presidentes de Gobierno. A estos partidos y a estos líderes se les había encomendado una misión: apuntalar el sistema democrático en la Constitución, una Carta Magna que fuera aprobada gracias al consenso y el acuerdo de todos y no por la imposición de quien ostentara el Gobierno como había ocurrido en pasados episodios de la Historia de España. Y así lo hicieron, redactando un texto constitucional inocuo, dejando muchos aspectos fundamentales a medio aplicar por la situación sociopolítica de la época.

La sociedad ha cambiado. Los españoles tienen otras necesidades muy diferentes de las que tenían en el año 1978. Han pasado más de 35 años y los ciudadanos precisan de una reforma en firme de la Constitución, ya que la no modificación de la misma lleva a un estancamiento o a una regresión del propio sistema democrático. Lo que aprobó en

1978 se ha quedado obsoleto y esa obsolescencia provoca que sean muchos los ciudadanos que se sienten desamparados por su propia Constitución. La falta de modificaciones o de reformas profundas durante estos 35 años ha inducido al propio sistema a un agotamiento total del mismo. La democracia española se alcanzó a través de un sistema modélico, pacífico y que ha sido ponderado por muchos otros países que han precisado de una transición desde un régimen totalitario. Sin embargo, no se ha reformado con el paso de los años. ¿Qué es lo que hay que reformar o cambiar?. En capítulos posteriores se analizarán con más profundidad otros puntos que precisan de un mayor detenimiento.

SUFRAGIO Y LEY ELECTORAL

Uno de los pilares sobre los que se asienta cualquier régimen democrático es la elección de los representantes del pueblo a través del sufragio universal. Los españoles sólo hemos tenido dos épocas durante las que hemos tenido acceso al derecho a elegir a través de nuestro voto a nuestros gobernantes o a los representantes en los diferentes órganos legislativos: durante la II República y desde la proclamación de la democracia tras la muerte de Franco. Casualmente, estos dos periodos están significados por la presencia del dictador. En el primer caso porque él fue quien prohibió dicho derecho tras asaltar el poder con el Golpe de Estado del 18 de julio de 1936, implantar un sistema totalitario y gobernar a lo largo de 39 años. En el segundo caso, su muerte y el proceso de transición posterior, hicieron que se recuperara el derecho a elegir a través del voto libre y secreto a los gobernantes.

El momento histórico en el que se encontraba España tras la muerte de Franco obligaba a los personajes principales que llevarían el timón del proceso de transición de la dictadura a la democracia anduvieran con pies de plomo antes de tomar las decisiones que debieron haber tomado y no dejar muchas cosas a medio hacer. También hay que reconocer que si las hubieran hecho en aquel momento, es muy probable que España pasara por otra guerra civil. Los espíritus políticos estaban muy desarrollados por ambos lados. Los que habían tenido un protagonismo durante el franquismo, aquellos que habían medrado gracias al Régimen, no querían perder ni su poder efectivo ni de influencia. Querían mantener vivo el franquismo sin Franco, hecho éste comprobado por la desastrosa gestión de Arias Navarro y su inquebrantable lealtad al Caudillo. Por otro lado se encontraban los vencidos en la Guerra Civil, los que durante años se habían enfrentado al Régimen de una manera más o menos activa y dentro de las escasas posibilidades que la época les permitía. Éstos querían una ruptura total con el pasado totalitario de la dictadura, querían la implantación de un sistema democrático similar al de los países europeos. Dos facciones políticas enfrentadas. Dos modos opuestos de ver cómo debía ser el futuro de España. Los primeros tenían mucho poder. Los segundos aspiraban a él y a cambiar las cosas. Los primeros tenían mucha influencia en sectores empresariales y, sobre todo, tenían en su poder a las Fuerzas Armadas, a la Policía Armada y a la Guardia Civil.

El ruido de sables y el miedo a que los cambios que necesitaba el país provocaron que se tomaran ciertas decisiones que dejaban el proceso de transición a medio hacer. Muchos de los aspectos que se analizarán en capítulos posteriores tienen mucho que ver con esto. Ahora hablaré la situación del sistema electoral que se impulsó en aquellos años, la finalidad que tenía, sus carencias y, sobre todo, la necesidad de modificarlo.

Cuando los hombres que crearon el actual Estado determinaron cómo debían organizarse los diferentes comicios a celebrar tras las reformas necesarias para transferir la soberanía desde la Jefatura del Estado hacia los ciudadanos se encontraron con dos dificultades principales: la primera, buscar el modo en que la gran mayoría de las sensibilidades políticas estuvieran representadas en el Parlamento; la segunda, encontrar el modo en que se formaran gobiernos con mayorías fuertes y evitar una fragmentación que haría ingobernable un país en pleno proceso de transición de una dictadura a una democracia, un país con todo por hacer y nada sobre lo que cimentar dicho cambio. Es decir, lo que se pretendía era el todo con la nada como base, lo que se buscaba era contentar a todo el mundo, cosa que es imposible y que cuando se acerca a ello provoca que el trabajo no quede completo. Eso fue lo que ocurrió en la Transición al adoptar el sistema electoral sobre el que se asienta nuestra actual democracia, un sistema que pudiera ser válido en la década de los 70 del siglo XX, pero que actualmente lo único que genera son injusticias al dejar fuera del Parlamento a opciones políticas a las que se denomina minoritarias pero que están apoyadas por decenas de miles de españoles o que provoca que partidos con un menor número de votos tengan una mayor representación que otros que han logrado un apoyo mayor por parte de los ciudadanos.

Ese querer contentar a todo el mundo, generar mayorías sólidas en el Parlamento y no crear disputas que pudieran poner en peligro el proceso de transición a la democracia hizo que se adoptara un sistema de elección basado en la proporcionalidad, no en el valor del voto, no en trasladar a las Cortes la voluntad de los ciudadanos. Había que garantizar la representación de las fuerzas nacionalistas de Catalunya, Euskadi y Galicia. Había que garantizar que el resultado final no provocara una dispersión del voto, sobre todo teniendo en cuenta que se calculaba que se podrían presentar a las elecciones más de partidos. No se quería que las primeras Cortes estuvieran fragmentadas como ocurría en países como Italia. Se pretendía que fueran un máximo de tres o cuatro formaciones quienes se repartieran la mayoría de los escaños. Por eso se impuso un sistema proporcional basado en la Ley D'Hondt. Pero, ¿en qué consiste dicha ley?

El Sistema D'Hondt es una fórmula electoral por la que se obtienen el número de cargos electos en proporción a los datos conseguidos. Tiene un alto grado de proporcionalidad en un sistema con un elevado número de escaños a distribuir por cada distrito electoral. En Europa se utiliza en Austria, Bélgica, Bulgaria, Croacia, España, Finlandia, Francia, Grecia, Países Bajos, Polonia, Portugal, República Checa y Suiza.

En España la legislación electoral que se rige por sufragio universal desde 1978 comprende la Ley Orgánica 5/1985 del Régimen Electoral para la elección de los representantes del Congreso de los Diputados, Senado, Parlamento Europeo y los Ayuntamientos. En lo referente a las Elecciones Autonómicas, cada Comunidad Autónoma se rige por su propia legislación que suele estar incluida en sus Estatutos de Autonomía.

La Constitución en su artículo 68 determina que el Congreso de los Diputados estará compuesto por un número de escaños no inferior a 300 y no superior a 400. Los diputados serán elegidos por sufragio universal, libre, igual, directo y secreto[1]. También se determina que la circunscripción electoral será la provincia, dejando el número de representantes por cada una de ellas al desarrollo de la Ley Electoral, salvo en el caso de las Ciudades Autónomas de Ceuta y Melilla a las que la propia Constitución les asigna un diputado[2]. Se limita de igual modo la duración de los mandatos a un máximo de cuatro años[3]. La Constitución afirma también que tanto los electores como los elegibles pueden ser cualquier ciudadano español que esté en el pleno uso de los derechos políticos que están recogidos en la Carga

---

[1] *Constitución Española:* Artículo 68.1
[2] *Constitución Española:* Artículo 68.2
[3] *Constitución Española:* Artículo 68.4

Magna, así como el reconocimiento del derecho de sufragio a aquellos españoles que se encuentran fuera de España[4].

El artículo 69 está dedicado a la elección de los representantes del Senado. En primer lugar se señala que el Senado es la Cámara de representación territorial[5]. Cada provincia tendrá una representación de 4 senadores[6] y cada Comunidad Autónoma designará a un senador y otro adicional por cada millón de habitantes correspondiente a su población[7]. Al igual que el Congreso, los senadores tienen limitada la duración de su mandato a cuatro años[8].

Como ya se ha citado anteriormente, la Ley Orgánica 5/1985, del Régimen Electoral General es la que regula los comicios electorales en nuestro país. Es la Ley que desarrolla lo expuesto en la Constitución y en ella se establece que el Congreso estará formado por 350 diputados[9]. Cada provincia tendrá una representación mínima de dos diputados

---

[4] *Constitución Española*: Artículo 68.5
[5] *Constitución Española*: Artículo 69.1
[6] *Constitución Española*: Artículo 69.2
[7] *Constitución Española*: Artículo 69.5
[8] *Constitución Española*: Artículo 69.6
[9] LO 5/1985: Artículo 162.1

no modificando lo expuesto en la Constitución en lo referido a la representación de las Ciudades Autónomas de Ceuta y Melilla[10]. Los doscientos cuarenta y ocho diputados restantes se distribuirán proporcionalmente con la población de derecho de cada provincia[11].

La Ley Orgánica de Régimen Electoral también establece que no se tendrán en cuenta las candidaturas que no obtuvieran un mínimo del 3% de los votos válidos emitidos en la circunscripción electoral en la que se hubieran presentado[12].

En esta regulación se puede apreciar que, al adjudicar a la provincia el rango de circunscripción electoral, se está perjudicando seriamente a los partidos minoritarios y a los que no tengan una concentración territorial a nivel nacional. Este es el resultado de la búsqueda de mayorías fuertes de las que hemos hablado en líneas anteriores.

Veamos la distribución de escaños en el Congreso de los Diputados por circunscripción en las últimas Elecciones Generales de noviembre de 2011:

---

[10] LO 5/1985: Artículo 162.2
[11] LO 5/1985: Artículo 162.3
[12] LO 5/1985: Artículo 163.1a

Circunscripción/Provincia	Escaños
Madrid	36
Barcelona	31
Valencia	16
Alicante	12
Sevilla	12
Málaga	10
Murcia	10
Cádiz	8
Bizkaia	8
A Coruña	8
Illes Balears	8
Las Palmas	8
Asturias	8
Santa Cruz de Tenerife	7
Zaragoza	7
Pontevedra	7
Granada	7
Tarragona	6
Córdoba	6
Girona	6
Gipuzkoa	6
Toledo	6
Almería	6
Badajoz	6
Jaén	6
Navarra	5
Castelló	5

Cantabria	5
Valladolid	5
Ciudad Real	5
Huelva	5
León	5
Lleida	4
Cáceres	4
Albacete	4
Burgos	4
Salamanca	4
Lugo	4
Ourense	4
La Rioja	4
Álava	4
Guadalajara	3
Huesca	3
Cuenca	3
Zamora	3
Ávila	3
Palencia	3
Segovia	3
Teruel	3
Soria	2
Ceuta	1
Melilla	1

En lo referido a la elección de Senadores ya se ha expuesto en párrafos anteriores, aunque haremos un pequeño resumen. En cada provincia se eligen 4 senadores por sufragio universal, las Comunidades Autónomas designarán a un senador y otro por cada millón de habitantes. Esta designación corresponderá al órgano legislativo máximo o al órgano colegiado superior, siempre de acuerdo con el Estatuto de Autonomía que asegurarán, en cualquier caso, la proporcionalidad en la representación[13].

Otro asunto diferente, aunque relacionado con la elección de congresistas y senadores, es el modo en que está legislado el sufragio en las administraciones locales, tanto a nivel de concejales como a nivel de alcaldes.

El sistema electoral español para las Elecciones Municipales se basa en la votación mediante listas cerradas y la asignación de los concejales siguiendo los parámetros de la Ley D'Hondt. A diferencia de las Elecciones Generales, en las Municipales el umbral mínimo para tener representación se sitúa en el 5%. Esto hecho favorece la creación de mayorías

---

[13] *Constitución Española*: Artículo 69.5

fuerts perjudicando a los partidos minoritarios, igual que ocurre con el sistema electoral a nivel nacional. Como no hay circunscripciones, la proporcionalidad en la elección de los concejales viene determinada por el número de habitantes de la población. Es la siguiente:

Habitantes	Concejales
Hasta 100	3
De 101 a 250	5
De 251 a 1.000	7
De 1.001 a 2.000	9
De 2.001 a 5.000	11
De 5.001 a 10.000	13
De 10.001 a 20.000	15
De 20.001 a 50.000	21
De 50.001 a 100.000	25
De 100.001 a 300.000	27
De 300.001 a 500.000	29
De 500.001 a 700.000	31
De 700.001 a 900.000	33
De 1.500.000 a 1.700.000	41[14]
De 3.100.000 a 3.300.000	57[15]

---

[14] Barcelona
[15] Madrid

La LOREG[16] crea un sistema de elección que se aplica del siguiente modo:

En primer lugar se desestiman las candidaturas que tienen menos del 5% de votos respecto del total de votos válidos. Entre las candidaturas que superen ese 5% se dividen el total de votos obtenidos por cada una entre 1, 2, 3, etc. hasta lograr el número de concejales a elegir. A continuación se clasifican los cocientes obtenidos en orden decreciente y se atribuyen los concejales al partido correspondiente a cada cociente hasta completar el número a asignar según lo marcado por la LOREG.

En los municipios de más de 250 habitantes se votan listas cerradas, es decir, que se vota a un partido, pero no a la persona. En los municipios de menos de 250 habitantes se vota mediante listas abiertas, en los de hasta 100 habitantes un elector puede elegir hasta a tres candidatos diferentes, y en los de hasta 250 hasta a cuatro.

Respecto a los alcaldes, los ciudadanos españoles con derecho a voto no eligen a la persona, sino que son los concejales electos quienes lo hacen en el

---

[16] Ley 5/1985, Ley Orgánica de Régimen Electoral General.

primer pleno del ayuntamiento, pleno que debe celebrarse en veinte días.

Como podemos ver, los españoles no elegimos ni a nivel local ni a nivel nacional directamente a las personas que deben regir los destinos de los ciudadanos. Votamos listas cerradas de partidos políticos donde los aparatos de los mismos determinan quiénes son las personas que creen que son las más adecuadas para dirigir el país, representar a sus provincias en el Congreso o el Senado, o para ser alcalde de su municipio. Pero, ¿qué requisitos son necesarios para presentar una candidatura a unas elecciones en España?

Para presentar candidaturas al Congreso y al Senado, las agrupaciones de electores precisarán, al menos, de la firma del 1% de los inscritos en el censo electoral de la provincia. La LOREG impide que un elector preste su firma a más de una candidatura. Para los partidos, coaliciones o federaciones que no hubieran obtenido representación en ninguna de las Cámaras en la anterior convocatoria electoral necesitarán de la firma de, al menos, el 0,1% de los electores inscritos en el censo electoral de la provincia por la que pretendan su elección.

Para presentar candidatura a las elecciones municipales las agrupaciones de electores necesitan de un número de firmas de los inscritos en el censo electoral del municipio, que serán autentificadas ante notario o por el secretario de la Corporación Municipal correspondiente. El número de firmas necesario estará en función de la población del municipio según el baremo indicado en la propia LOREG.

Este requisito de la presentación previa de firmas tanto para Congreso, Senado, Parlamento Europeo o Elecciones Municipales ha sido muy criticado.

Como hemos podido comprobar en este análisis somero, el Sistema Electoral español no refleja la realidad de las intenciones de voto de los ciudadanos. Este hecho, como ya se ha apuntado en páginas anteriores, viene por las necesidades de generar mayorías y de contentar a todos los sectores políticos que se opusieron al franquismo, sobre todo a los partidos nacionalistas. Crear este sistema proporcional garantizaba que dichos partidos tuvieran una representación en las Cámaras del Estado, principalmente los partidos catalanes y vascos. Crear este sistema proporcional garantizaba que los gobiernos tuvieran mayorías amplias que les permitieran realizar su labor sin las dificultades propias de Parlamentos excesivamente fragmentados como, por ejemplo, ocurre en el italiano. Estas mayorías son las que han permitido gobernar sin sobresaltos y convocatorias electorales excepcionales a partidos como UCD (centro derecha), PSOE (izquierda) o PP (derecha). Estos partidos han tenido a lo largo de los casi cuarenta años de régimen democrático en España suficiente apoyo parlamentario para gobernar sin la necesidad de tener que gobernar en coalición. Este garantizar mayorías suficientes es muy positivo para el gobierno de países inestables desde el punto de vista democrático. Sin embargo, nos podemos encontrar con que un partido, como el que sustenta al actual gobierno, confunda una mayoría absoluta con un sistema de gobierno dictatorial o totalitario dando la espalda a los españoles y a sus verdaderos problemas.

El problema de tener siempre grandes mayorías estriba en que se penaliza la aparición de partidos que den una alternativa a las políticas tradicionales o que las formaciones que se alternen en el poder se acomoden de tal forma que lleguen a traicionar a los electores que les son fieles. De otro lado esta aparición de grandes mayorías puede provocar que se generen situaciones cercanas al totalitarismo, sobre todo cuando la derecha es la que gobierna con mayoría absoluta, tal y como hemos podido comprobar en las dos legislaturas en las que el Partido Popular tuvo tal apoyo en las urnas.

La actual crisis económica, la estafa de los poderes económicos a los ciudadanos, ha hecho que éstos hayan despertado y se hayan dado cuenta de que es necesario un cambio en el modo en que se elige a los representantes del pueblo en las instituciones. A pie de calle hay muchas iniciativas, muchas fórmulas para cambiar el régimen electoral. Se habla de listas abiertas, de planteamientos de democracia cuasi asamblearia, se habla de participación directa de los ciudadanos a través referéndums. Lo que el pueblo piensa es que la política le ha dado la espalda, que el sistema democrático actual se basa en que sólo se les tiene en cuenta cuando hay convocatorias electorales y que, una vez finalizadas las elecciones, los políticos elegidos se olvidan de ellos para centrarse en asuntos que no les conciernen y que no les soluciona los verdaderos problemas que les afectan. Con el Gobierno de Mariano Rajoy lo estamos viendo día a día. Cada decisión que toman, cada estrategia para paralizar la actividad parlamentaria, la escudan en que la voz de los españoles habló el 20 de noviembre de 2011 y que el resultado fue su mayoría absoluta. Es decir, que tienen la desvergüenza de poner la soberanía popular como coartada para la imposición de un modo de gobernar más cercano al totalitarismo que a la democracia, porque un gobierno democrático debe buscar la equidad en sus decisiones y no gobernar de espalda a las verdaderas necesidades del pueblo.

La actual estructura electoral española debe cambiar, debe ponerse patas arriba para adecuarse a los tiempos que corren y a las verdaderas necesidades políticas del país. Hay que evitar que los ciudadanos no crean que la elección de sus representantes es una estafa porque eso les aleja del propio sistema y los convierte en presa fácil para populismos o para soluciones totalitarias.

Lo primero que hay que cambiar es el propio sistema de elección empezando con la búsqueda de un sistema más justo que la Ley D'Hondt. La proporcionalidad en la que se basa este sistema, como ya hemos visto anteriormente, perjudica a partidos no mayoritarios, provocando que se produzcan injusticias como la de que formaciones que se presentan a nivel nacional, que obtienen más votos que los partidos nacionalistas, no ocupen más escaños en el Congreso. La sociedad española ya es lo suficientemente madura como para que su voluntad esté reflejada en el número de Diputados que corresponden a cada cual en proporción exacta a los votos logrados.

La aplicación del Sistema D'Hondt también provoca una injusticia con respecto al valor de los votos en cada circunscripción electoral. No vale lo mismo un voto de un ciudadano de Barcelona o Madrid que el voto de un soriano o de un turolense. La democracia es el sistema en el que todos los ciudadanos son iguales ante la Ley. Esta desigualdad en el valor del voto ya es una prostitución del propio sistema político que nos rige desde que en diciembre del año 1976 el pueblo español decidió en referéndum que quería la democracia y que ya estaba harto de dictaduras o de que gobernaran las élites vencedoras de la Guerra Civil.

Para que el sistema electoral español sea justo es necesaria la eliminación de las circunscripciones provinciales e implantar la circunscripción única. Hay que tener en cuenta que en España los ciudadanos no tienen la posibilidad de elegir a su Presidente de Gobierno, sino que eligen al partido que quieren que les gobierne. Dentro de este partido se decide quién es la persona que encabeza la candidatura y es esa persona la que, en caso de que el partido en cuestión haya logrado un mayor número de escaños y que sea investido por el Congreso de los Diputados, se encargará de presidir el gobierno. Con las actuales circunscripciones electorales y con el reparto de escaños en base a la población de cada provincia no se produce un reparto equitativo de cada escaño en base a la voluntad de los ciudadanos. Tal y como hemos visto anteriormente, el reparto de los escaños por provincia no puede ser más dispar. Mientras las más pobladas aportan más del 20% de los sitiales, las menos pobladas son casi insignificantes. Mientras la Comunidad de Madrid aporta más del 10% de diputados, provincias como Soria o Teruel aportan menos del 1%. ¿Cómo se sienten de representados los ciudadanos de esas provincias con sólo dos o tres parlamentarios? La realidad es que las provincias con menos población apenas tienen peso. Lo mismo ocurre en lo referido a los partidos nacionalistas o regionalistas. Con menos votos disponen de una mayor representación que otras formaciones que se presentan a nivel nacional. ¿Cómo es posible que un partido como CiU sea la tercera fuerza política con menos votos que IU? ¿Cómo es posible que UPyD tenga menos diputados que el PNV? Por no hablar de otros partidos nacionalistas minoritarios que sí disponen de representación mientras que formaciones como la ecologista EQUO se quedó a las puertas de la representación cuando obtuvo más votos.

Con el actual sistema electoral se podría dar el caso de un partido que gobernara con un menor número de votos que el siguiente, pero con un mayor número de escaños. Si eso ocurriera nos encontraríamos a un Parlamento que no refleja el verdadero sentido de la voz del pueblo prostituyendo por una cuestión de encaje de cifras la propia Soberanía Popular.

Por casos como los anteriores el cambio a la circunscripción electoral única es un camino para que la mayor referencia democrática que es el sufragio y la elección por parte del pueblo de sus representantes en el Parlamento se regenere y refleje de una manera más fiable que la actual el verdadero sentir de los ciudadanos.

¿Cómo hubiera quedado el Congreso de los Diputados en 2011 si la circunscripción electoral fuera única y no basada en la proporcionalidad? En primer lugar veamos los resultados de dichas elecciones:

TOTAL VOTANTES	24.590.557	71,69%
ABSTENCION	9.710.775	28,31%
VOTOS NULOS	317.886	0,64%
VOTOS EN BLANCO	333.095	1,11%

CANDIDATURAS	VOTOS	%	DIP	CANDIDATURAS	VOTOS	%	DIP
PP	10.830.693	44,62%	186	EQUO	215.776	0,88%	0
PSOE	6.973.880	28,73%	110	PACMA	101.557	0,41%	0
CiU	1.014.263	4,17%	16	Eb	97.706	0,40%	0

IU-LV	1.680.810	6,92%	11	PA	76.852	0,31%	0
AMAIUR	333.628	1,37%	7	PxC	59.781	0,24%	0
UPyD	1.140.242	4,69%	5	P.R.C.	43.903	0,18%	0
EAJ-PNV	323.517	1,33%	5	PUM+J	27.098	0,11%	0
ESQUERRA	256.393	1,05%	3	P.C.P.E.	26.436	0,10%	0
BNG	183.279	0,75%	2	PIRATA	25.180	0,10%	0
CC-NC-PNC	143.550	0,59%	2	ANTICAPIT	24.456	0,10%	0
COMPROMÍS-Q	125.150	0,51%	1	UCE	16.148	0,06%	0
FAC	99.173	0,40%	1	PH	10.047	0,04%	0
GBAI	42.411	0,17%	1	ESPAÑA 2000	9.256	0,03%	0

Podemos comprobar en esta tabla cómo la proporcionalidad que implanta el Sistema D'Hondt no refleja la voluntad del voto de los ciudadanos, voluntad que sí que quedaría reflejada si la circunscripción fuera única. Vemos cómo hay partidos que no llegan al 2% y que tienen una representación superior a otros con más del triple de votos o cómo fuerzas políticas que apenas llegan a los 50.000 votos tienen escaños en el Congreso mientras que otras con cuatro veces más de votos no logran tener un solo parlamentario. ¿Es esto justo? Evidentemente, no. ¿Cómo es posible que sean más justas unas Elecciones Europeas que unas Generales? En España ocurre así.

Veamos, a través de los mismos datos cómo hubiera quedado el Congreso aplicando la circunscripción única:

TOTAL VOTANTES	24.590.557	71,69%
ABSTENCION	9.710.775	28,31%
VOTOS NULOS	317.886	0,64%
VOTOS EN BLANCO	333.095	1,11%

CANDIDATURAS	VOTOS	%	DIPUTADOS
PP	10.830.693	44,62%	156
PSOE	6.973.880	28,73%	101
IU-LV	1.680.810	6,92%	24
UPyD	1.140.242	4,69%	16
CiU	1.014.263	4,17%	15
AMAIUR	333.628	1,37%	5
EAJ-PNV	323.517	1,33%	5
ESQUERRA	256.393	1,05%	4
EQUO	215.776	0,88%	3
BNG	183.279	0,75%	3
CC-NC-PNC	143.550	0,59%	2
COMPROMÍS-Q	125.150	0,51%	2

Comprobamos cómo los que verdaderamente pierden representación son los dos partidos mayoritarios, mientras que los nacionalistas no sufren ningún descabalgamiento exagerado. Con estos resultados el Partido Popular se habría visto imposibilitado de ejercer su *dictadura parlamentaria* y se hubiera visto obligado a pactar todas y cada una de las medidas que han impuesto a los españoles, es decir, que se habría hecho imprescindible el consenso entre las diferentes fuerzas para que los ultraconservadores españoles pudieran gobernar, ese consenso que ellos llevan tan mal y que es uno de los elementos fundamentales de cualquier sistema democrático, del mismo sistema democrático que la derecha española desprecia, tal y como los hechos están demostrando.

Estos resultados demostrarían también la pérdida de confianza de los españoles en el Partido Socialista, con la pérdida de más de 50 diputados. El 15M, la nefasta gestión económica de la ministra Elena Salgado tras el estallido de la crisis global y de la burbuja inmobiliaria y el incremento del desempleo hicieron que los españoles le dieran la espalda al PSOE.

Sin embargo, lo que queda claro con estos datos es que el reparto de escaños es el reflejo exacto de la voluntad popular. Los defensores de la proporcionalidad y de mantener el Sistema D'Hondt afirman que con ese sistema se logran mayorías amplias y evitan que se generen parlamentos disgregados. Lo que realmente se logra es la depauperación de la voluntad popular de quienes tienen la soberanía popular, es dejar la voluntad del pueblo en manos de la ingeniería matemática.

Otro cambio importante que se debe implementar de manera urgente en materia electoral es la regulación de los programas con los que se presentan los partidos a las elecciones. En España el incumplimiento reiterado, doloso, alevoso o con premeditación de los programas electorales no tiene ningún castigo salvo cierta indignación en la calle. Lo ocurrido en este país en las Elecciones Generales de 2011 debe hacer reflexionar sobre la importancia de que lo que prometen los partidos tenga una fiscalización por parte del Parlamento y por parte del Poder Judicial. Mariano Rajoy y el Partido Popular ganaron las últimas elecciones aprovechándose de la situación desesperada de millones de españoles, situación provocada por el estallido de la burbuja inmobiliaria y de la crisis económica global. El PP se presentó con un programa en el que se decía lo que la gente quería oír, en el que se prometía lo que el pueblo necesitaba. Por lo que decían en sus mítines y actos de campaña se podría afirmar que cada papeleta del Partido Popular llevaba consigo un contrato de trabajo, cuando en realidad traían como consecuencia la miseria, el hambre, la esclavitud, la falta de derechos y la imposición de un sistema rayano al totalitarismo. Engañaron al pueblo. Mariano Rajoy es el presidente español que llegó a la Moncloa montado en una gran mentira. Hay analistas políticos que afirman que lo que se produjo en realidad fue un golpe de Estado. No creo que llegue a tanto, pero el vocablo «pucherazo» se convierte en un cuasi-sinónimo de lo que ocurrió.

Tras esta traición a los ciudadanos el Partido Popular está gobernando gracias a una mentira. Prometieron exactamente lo contrario de lo que están desarrollando en su acción de gobierno. Mariano Rajoy afirmó en campaña que no tocaría ni la sanidad y la educación. Una vez que llegó a la Moncloa impuso a los ciudadanos, gracias al apoyo del PP, los mayores recortes en materia de sanidad y de educación. En el primer caso, obviando a la propia Constitución, incluyendo copagos que favorecían a las clases más altas y a las compañías farmacéuticas en detrimento de pensionistas y clases sociales más desfavorecidas o a las víctimas de la crisis económica. En el caso de la educación, la Ley Wert acerca el sistema educativo español a los modos de los sistemas del franquismo, alejando a los hijos de la clase obrera o de las clases medias de la posibilidad de una educación universal con tasas que acercan el coste de estudiar en una universidad pública al de una privada. El Partido Popular prometió durante la campaña electoral que crearía más de tres millones de empleos. La realidad ha demostrado que tenían la intención de implantar mercado laboral basado en las reivindicaciones de los empresarios y olvidándose de los derechos de los trabajadores. Mariano Rajoy prometió en campaña que bajaría los impuestos para incentivar el consumo. Ha hecho todo lo contrario: ha subido todos los impuestos, incluso los indirectos que son los más injustos ya que esta subida favorece a las clases altas, para anunciar cuando la legislatura se acerca a una nueva cita electoral una Reforma Fiscal que deja los impuestos a un nivel superior que cuando llegó al Gobierno, es decir, que aplica una bajada de impuestos como lo hubiera hecho un vulgar trilero. Todo el programa electoral del PP en las Generales del 2011 era una patraña.

Por todo lo anterior es importante que dentro de las reformas del sistema electoral, que son muy necesarias para regenerar la democracia en España, se incluyan sanciones a partidos y políticos que incumplan los programas con los que se presentaron a las elecciones de manera sistemática. Siempre se ha dicho que el programa era el contrato que firman los partidos con los ciudadanos. En los ámbitos empresariales y personales el incumplimiento de los contratos firmados conlleva sanciones. Sin embargo, en el ámbito electoral no ocurre así. En España cualquier partido político puede presentarse a unas elecciones, del tipo que sean, prometiendo a los ciudadanos lo que esperarían de cualquier gobernante, y, una vez alcanzado el gobierno, hacer todo lo contrario, incluso gobernar en contra de los intereses de quienes están en posesión de la soberanía del Estado anteponiéndolos a las necesidades de las élites empresariales, económicas o religiosas. Una democracia madura no puede permitir estos abusos ni la impunidad de quienes se aprovechan de que en nuestro ordenamiento jurídico no tiene penas para aquellos que mienten en su campaña electoral y presentan un contrato a los ciudadanos como si fuera un cheque en blanco.

Para evitar esto es necesaria la implementación de medidas de control de los programas electorales y de su posterior cumplimiento. Hay quien piensa que debería incluirse este incumplimiento como delito electoral, pero éste no tiene consecuencias que los partidos no asuman como resultado del juego electoral. Hay quienes van más allá y piden que presentar un programa falso a los españoles quede tipificado en el Código Penal. Sin embargo, por mucho que se pidan penas de cárcel o delitos electorales, es necesaria la creación de entidades independientes que fiscalicen los programas de aquellos que han ganado unas elecciones. Estas entidades deben controlar que aquello que se prometió en la campaña electoral y lo que se propuso a los españoles sea cumplido al 100%, exactamente igual que ocurre con cualquier contrato que se firme en otros ámbitos de la vida. Esta entidad llevaría un control sobre las acciones de gobierno de aquel partido que haya ganado las elecciones y determinar si está cumpliendo con el acuerdo al que llegó con el pueblo español, el mismo pueblo que le dio la confianza en base a lo prometido.

Cada año de legislatura debe cumplirse, al menos, un 25% de lo presentado en el programa electoral, con una ponderación sobre cada uno de los bloques en los que suele estar dividido el contrato que los partidos presentan a los ciudadanos. Cada medida, cada Ley presentada por el gobierno no podrá ir en contra de lo prometido, salvo en casos de extrema necesidad que obliguen a decretar el Estado de Excepción o el Estado de Guerra.

En los casos en los que el gobierno no cumpla con lo estipulado en su programa esta entidad independiente tendrá la potestad de presentar ante el Jefe del Estado la disolución de las Cortes y la convocatoria de elecciones generales.

Habrá quien pueda afirmar que esta propuesta de regeneración democrática crea un ente con un poder que está por encima de la propia voluntad popular, un poder en la sombra con capacidad de derogar la voluntad popular. Sin embargo, lo que no se puede permitir, lo que un pueblo no puede permitir, lo que una democracia no puede permitir es que un partido llegue al poder con un programa electoral falso, un programa electoral que sabe que no va a cumplir y que el único fin de dicho programa es conseguir un mayor número de votos que el contrincante. No es de recibo lo que ocurrió en España en las Generales de 2011. El Partido Popular se presentó a las elecciones con un programa del que, tras pasar tres cuartas partes de la legislatura, sólo ha cumplido en lo referente a la reducción de derechos de los españoles. Todo lo que ha hecho el gobierno de Mariano Rajoy, además, ha ido en contra de los intereses reales de los españoles. Como en las monarquías absolutas, el PP ha gobernado de espaldas al pueblo. Lo ocurrido en 2011 se asemeja más a un Golpe de Estado que a otra cosa y eso un régimen democrático no lo puede permitir.

Por eso es necesaria la creación de esta entidad independiente que controle la acción de gobierno en lo referente al cumplimiento de los programas electorales. ¿Quién tendría esta potestad de control sobre los partidos y sus promesas? En una democracia que respetara sus principios más básicos debería estar dentro del Poder Judicial, en primer lugar, por su imparcialidad y, en segundo lugar, por ser el órgano democrático con el poder de imponer penas cuando se vulnera la Ley. Actualmente en España no sería posible esa independencia dado que los principales órganos de ese Poder Judicial se los reparten los partidos políticos, por lo que no hay una independencia clara. Hagamos una suposición. Imaginemos que ahora, con la situación que ha creado el Partido Popular al colocar a un militante del propio PP como Presidente del Tribunal Constitucional y a uno de los ideólogos más duros de la derecha española y colaborador habitual de FAES a los mandos del Tribunal Supremo y del Consejo General del Poder Judicial, esta institución de control de los programas electorales propuesta tuviera que tomar una decisión respecto al Partido Popular por el incumplimiento reiterado del contrato presentado ante los españoles en noviembre de 2011 y al modo en que se ha incumplido. El PP tendría que recibir algún tipo de sanción. En la actualidad saldrían impunes porque un militante no va a ir contra el partido en el que milita y un ideólogo de FAES no va a imponer sanción alguna contra la institución de la que es ideólogo. En capítulos posteriores analizaremos las reformas necesarias dentro del Poder Judicial para que éste sea lo que debe ser y tenga la independencia que en cualquier democracia se le presupone.

Anteriormente ya citamos cómo es necesaria la generación de una legislación que incluya sanciones para aquellos partidos que incumplan con lo presentado a los ciudadanos. Sin embargo, ¿qué tipo de sanciones deben aplicarse en este ámbito? ¿Se debe llegar a la inclusión del incumplimiento del programa electoral dentro del Código Penal? Esto, tal vez, sería excesivo. No obstante, los castigos deben ser contundentes y orientados hacia la propia actividad política de dicho partido, de sus dirigentes y de aquellos militantes que ostenten cargos públicos en el ámbito en el que se produjera el fraude electoral. En el caso en que un partido incumpliera su programa quedaría inhabilitado para presentarse a las siguientes elecciones y todos sus militantes, con o sin poder orgánico no podrían presentarse por otras formaciones o crear partidos nuevos. Alguien me dirá que esto va en contra del espíritu democrático. Sin embargo, ¿no va más en contra de la democracia que una organización política engañe a quien es soberano con el único fin de alcanzar el poder? Los grandes dictadores alcanzaron el poder por la fuerza y con engaños al pueblo con la sola intención de someterlo. Algunos se aprovecharon de la propia democracia para lograrlo, como ocurrió en Alemania en la década de los 30 con el Partido Nazi. Para evitar que la mentira se convierta en un arma electoral es necesaria una legislación dura. En la España actual hemos visto cómo el Partido Popular llegó al poder con mayoría absoluta gracias a un programa electoral falso cuyo único fin era ser palanca para alcanzar la Presidencia. Una vez logrado ese objetivo, el incumplimiento y la imposición de un sistema neoliberal en contra del pueblo soberano, la derogación de derechos constitucionales y la implementación de un sistema político tan alejado de la democracia como es su *Dictadura Parlamentaria* era un hecho que cualquier persona con un coeficiente intelectual estándar hubiera dado por hecho.

El incumplimiento sistemático del programa electoral conllevaría para ese partido la suspensión de todas las subvenciones que debieran recibir en concepto de representación parlamentaria y la imposibilidad de recibir donaciones particulares por el periodo comprendido entre el fin de la legislatura donde se produjo dicho incumplimiento hasta la convocatoria de elecciones dentro del ámbito en que ha sido sancionado.

Por otro lado, aquellos integrantes del Gobierno que incumpliera con su programa electoral, junto a los integrantes del grupo parlamentario de ese partido, quedarían inhabilitados de por vida para ejercer cualquier cargo público, para presentarse a unas nuevas elecciones, de cualquier tipología, y a ostentar cargo ejecutivo alguno en ningún partido político. Para una persona que desprecia totalmente a la democracia al mentir a los ciudadanos con el único fin de alcanzar el poder disponer de un cargo, ya sea en un partido, ya sea algún puesto ejecutivo en una institución pública debe ser antitético. Por eso el sistema democrático ha de tener los instrumentos necesarios para desechar a dichos elementos que lo único que hacen es prostituir el sistema político donde los ciudadanos son aquellos que tienen la soberanía del Estado.

El sistema electoral español debe cambiar para adecuarse a las necesidades actuales de los ciudadanos. Lo que el país precisaba en 1976 ya ha sido superado en el proceso de madurez de la democracia. Sin embargo, el Partido Popular quiere cambiar dicho sistema con el único fin de perpetuarse en el poder. Se ha utilizado la reivindicación ciudadana para imponer cambios en el sistema electoral que tienen como objetivo que el PP no pierda el poder efectivo en los puntos clave. En primer lugar, se ha utilizado la Comunidad Autónoma de Castilla La Mancha como laboratorio para medir el impacto entre los ciudadanos y ver si provocaba algún tipo de rechazo frontal en la calle. En el territorio gobernado por María Dolores de Cospedal se han cambiado los porcentajes de representación en las cinco provincias, favoreciendo obscenamente en el reparto de escaños a aquellas que son proclives a votar al PP. Un pucherazo en toda regla. En las pasadas Elecciones al Parlamento Europeo también hicieron movimientos en este sentido y eliminaron colegios electorales de barrios que tradicionalmente eran opuestos al partido ultraconservador español, tal y como ocurrió en Vitoria. Una de las consecuencias de estos comicios europeos fue la irrupción del partido de Pablo Iglesias, Podemos. Viendo los resultados de este nuevo partido de izquierda el PP se dio cuenta de que podía perder el poder en más de 40 capitales de provincia, en Madrid y en la Comunitat Valenciana, sus feudos fuertes. Esto hizo que fuera el propio Presidente de Gobierno quien anunciara que se iba a presentar un proyecto donde se modificaría la Ley Electoral para que en las Municipales de 2015 solo alcanzara la alcaldía de las ciudades y pueblos de España la lista más votada, independientemente de si tuviera o no mayoría absoluta, hurtando de este modo la posibilidad de coaliciones. El desprecio que tiene el Partido Popular a todo lo que suena a democracia se ha demostrado una vez más en la propuesta de Mariano Rajoy de la elección directa de los alcaldes en las próximas Elecciones Municipales. Según el planteamiento del partido ultraconservador español sólo podrán gobernar los municipios aquellos que tengan un mayor número de votos, independientemente de si tienen o no mayoría absoluta. No sorprende a nadie que esta propuesta se haga en el momento en que el PP podría quedar borrado del poder municipal gracias a las alianzas de la izquierda. No sorprende porque la visión del PP del sistema democrático está determinada por la dicotomía «ganar/perder», dado que para ellos sólo hay un modo verdadero de vivir en democracia, un modelo donde sólo pueden gobernar ellos. Según una información del diario El Mundo, con esta elección directa el PP se garantizaría el poder en 44 capitales de provincia, cuando con el sistema actual sólo tendría seguras 4. ¿Ven la razón por la que Rajoy ha planteado esto?

No quieren dejar de gobernar ya que piensan que ellos son los depositarios eternos del poder.

La realidad es que el Partido Popular tiene una de las mayores cuota de poder que se ha visto en España desde el franquismo, poder municipal, poder autonómico, poder estatal, además de controlar de manera casi obscena los poderes del Estado, como, por ejemplo, el Poder Judicial que está controlado por un militante y por uno de los ideólogos del partido ultraconservador. Por esta razón y por su «especial» interpretación de las reglas de juego democrático han implantado un sistema de gobierno y de gestión de la acción gubernativa que está más cerca de la democracia orgánica del franquismo a lo que es un verdadero sistema democrático. Yo la denomino DICTADURA PARLAMENTARIA.

La gestión que están haciendo tanto desde el Gobierno Central como desde el Autonómico de la crisis económica han hecho que vean que es muy probable que pierdan el poder en los principales feudos electorales, feudos que son estratégicos, como Madrid y Valencia, tanto a nivel municipal como a nivel autonómico. Los sondeos les dan aún como la fuerza política más votada, pero sin la mayoría absoluta necesaria para gobernar en solitario y seguir masacrando a los ciudadanos, para seguir penalizando a quienes no son culpables de la situación y que quienes tienen la máxima responsabilidad de la situación económica y social actual sean los verdaderos beneficiados de las políticas neoliberales de un gobierno cuya legitimidad democrática está más que en entredicho por el modo en que llegaron al poder. Estos sondeos de intención de voto han hecho saltar las alarmas en Génova 13. Pueden perder lo único en lo que creen: el poder, ya que para la derecha española la democracia sólo es válida cuando quienes llevan las riendas son ellos. Lo hemos visto cuando han estado en la oposición y su sistema maquiavélico de utilizar cualquier medio para recuperar el poder, como, por ejemplo, el terrorismo de ETA y sus víctimas. Ante esta situación de pérdida de poder, donde sólo gobernarían con mayoría absoluta en 4 capitales de provincia, han decidido lanzar el debate sobre las listas más votadas y el blindaje de las mismas en el gobierno municipal.

Como casi todas las medidas tomadas por este Gobierno, el mensaje de Mariano Rajoy de que se planteará que sean las listas más votadas las que gobiernen en los ayuntamientos roza la ilegalidad y, lo que es más grave, choca frontalmente con la ética democrática, sobre todo cuando dicha medida se lanza a menos de un año de las Elecciones Municipales. Está claro que el PP no quiere perder el poder municipal y ahora plantean un cambio de las reglas de juego a pocos meses de que los ciudadanos sean convocados a las urnas para elegir a quien gobernará sus aldeas, pueblos o ciudades. Esto viene, además del miedo a perder el poder, al hecho de no tener una cultura democrática. Tener un mayor número de votos no implica que tengas el apoyo de toda la sociedad. Ser la lista más votada, sobre todo a nivel municipal donde valen lo mismo todos los votos, no implica que se cumpla con la voluntad de los electores. Pondré un ejemplo. Imaginemos un pueblo que disponga de 5 concejales. Se presentan a las elecciones cinco partidos, de los cuales uno logra 2 concejales y otros tres uno. Según la idea de Rajoy, gobernaría el que logra dos concejales cuando la voluntad del pueblo no le ha dado la mayoría. Lo que se quiere evitar es precisamente que esos tres partidos se sienten a negociar, a llegar a acuerdos, a buscar consensos para alcanzar una coalición. Es decir, que lo que se quiere evitar es prostituir el sistema democrático para que las ansias de poder de la derecha española se vean saciadas.

En el Partido Popular no comprenden esos conceptos tan democráticos como negociar, como alcanzar acuerdos, como encontrar puntos de consenso. Para el partido ultraconservador español el consenso es subirse a su barco sin cuestionar nada. Por eso niegan los acuerdos, por eso niegan el consenso. Un ejemplo de ello lo tenemos en cómo han secuestrado al Parlamento.

El problema que tiene el PP es que es un partido que, por su propia autosuficiencia, por ser hijos de la buena estirpe, está solo. Nadie quiere alcanzar acuerdos con ellos. Nadie se quiere sentar a negociar, porque esos acuerdos, esas negociaciones serán traicionadas. Este hecho hace que vean que van a perder el poder en Madrid y Valencia.

La Ley Electoral en España debe ser cambiada porque es injusta, pero el modo en que lo quiere hacer Mariano Rajoy es obsceno y atenta contra los niveles mínimos de lo que se entiende como democracia. La Ley Electoral española debe ser modificada para que sea justa, para que todos los votos valgan lo mismo, pero debe ser modificada con el consenso total de todas las fuerzas políticas. Si no se alcanzara ese consenso, ¿creen que el PP echará para atrás cualquier cambio que les beneficie? Evidentemente, no, porque les importa muy poco el significado de la democracia, y cualquier forma de alcanzar el poder es válida. Ya lo han hecho en Castilla La Mancha con el pucherazo de Cospedal. ¿Implantarán dicho pucherazo también a nivel nacional? Me temo que, si es la única solución que vean para no perder la cuota de poder, así será. Les recuerdo el dato. Los sondeos de intención de voto les dan sólo 4 capitales de provincia con mayoría absoluta. Aplicando lo que ha puesto sobre la mesa Mariano Rajoy el PP gobernaría en 44.

Los movimientos ciudadanos nacidos al amparo del 15M reivindican que para que la democracia española sea real es necesaria una implicación total de los ciudadanos en todas y cada una de las decisiones que se tomen llegando a una situación asamblearia. Este hecho es una utopía. Es hermoso pensar que cada ciudadano tenga la capacidad de decidir sobre las grandes decisiones que ha de tomar cualquier gobierno. Eso desde un punto de vista teórico sería lo correcto. Sin embargo, para que un Estado moderno funcione es necesario que el modelo no sea tan limitado y tan rígido como la democracia asamblearia.

Uno de los argumentos que dan quienes apoyan estas reivindicaciones de democracia directa o asamblearia es que, una vez celebradas las elecciones, la clase política se olvida de los verdaderos problemas de los ciudadanos. La expresión «vota y calla» refleja lo que gran parte del pueblo percibe del actual funcionamiento de nuestro sistema electoral y, en extensión, del sistema político. Esto se ha acentuado con el actual gobierno del Partido Popular, un gobierno autoritario que se ha olvidado de lo que los ciudadanos precisan de sus dirigentes para favorecer a las élites económicas y empresariales y, al menor atisbo de protesta o a la menor sospecha de movimiento en la calle, comenzar con una represión propia de cualquier dictadura.

Sin embargo, el actual modelo de democracia representativa es el más idóneo para dirigir el país. Lo que debe cambiar es, quizá, la relación que tiene la clase política o el propio Gobierno con los problemas reales de los ciudadanos. Esto lo analizaremos en otro capítulo. Ahora continuaremos el viaje por la regeneración democrática que tanto necesita nuestro país.

LA JEFATURA DEL ESTADO

La abdicación de Juan Carlos I y la proclamación como Jefe del Estado de Felipe VI en la primavera de 2014 ha llevado a la primera línea de la actualidad el debate sobre el modelo de la Jefatura del Estado. Hay quien dice que este debate se ha reabierto. No es así. Este debate ha estado vivo siempre, pero en los últimos años ha ido tomando fuerza y se ha ido haciendo presente en la opinión pública. La figura del Rey Juan Carlos y de la Monarquía era casi intocable, sobre todo por la buena valoración que tenía en la sociedad española. Se alababa su campechanía, su supuesta cercanía, su normalidad, la falta de escándalos en comparación con otras familias reales, como, por ejemplo, la británica. Sin embargo, el debate no se centra en la persona del ciudadano Juan Carlos de Borbón o de su familia, sino en la propia figura del Jefe del Estado, tanto desde un punto de vista político como desde la funcionalidad de la propia Monarquía dentro de los parámetros de un Estado democrático. Democracia y Monarquía son términos antitéticos. En la primera es el pueblo el que decide. En la segunda es la línea de sucesión, el ADN.

Retrocedamos en el tiempo y volvamos a circular por los caminos de la historia. En el año 1947 el dictador Francisco Franco diseñaba el modelo de la Jefatura del Estado para el presente y para el futuro de España con la Ley de Sucesión. En esta Ley se afirmaba que la Jefatura del Estado correspondía al Caudillo de España y de la Cruzada y que él y sólo él tenía la prerrogativa de designar a la persona o a la institución de debía sucederle una vez que dejara el poder. Veintidós años después Franco eligió a Juan Carlos de Borbón como su sucesor. Por tanto, en España se sigue obedeciendo a la voluntad de un dictador al mantener al frente de la Jefatura del Estado a la institución que él designó como la que debía sucederle.

El 20 de noviembre de 1975 muere Francisco Franco. Dos días después las Cortes franquistas proclamaban a Juan Carlos de Borbón y Borbón como Rey de España, tal y como establecía la Ley de Sucesión de la Jefatura de Estado. Ese día, el nuevo Rey, juraba las Leyes Fundamentales del franquismo y se convertía en Jefe del Estado del Reino de España por obra y gracia de Francisco Franco. La voluntad del dictador que había tiranizado a los españoles durante casi 40 años se cumplía en la persona de Juan Carlos I.

Ya como Jefe del Estado Juan Carlos disponía de la mayoría de poderes de Franco, lo que le convertía en la persona con más poder acumulado de todo el mundo occidental, y utilizó dichos poderes para desactivar el aparato del Régimen y liderar un proceso de cambio político. Se inició la Transición a la democracia, ese proceso tan exaltado por aquellos que lo vivieron y protagonizaron que incluso se generó una especie de Síndrome de Estocolmo que quiere perpetuar lo implementado en aquellos años, entre otras cosas, la propia Monarquía.

Como ya se ha comentado en páginas anteriores la Transición dejó muchas cosas a medias. Entre ellas, la Jefatura del Estado. En el periodo comprendido entre enero de 1976 y diciembre de 1978 se produjeron los cambios que en aquellos años necesitaba el país. Nadie cuestionaba la importancia de la figura del Rey. Tampoco hubo valor para hacerlo. El propio PCE se declaró leal a la Corona cuando siempre había sido el referente del espíritu republicano. No era el momento, como afirmaba

Santiago Carrillo. Y es cierto, tal vez no era el momento de plantear un cambio de la voluntad de Franco. Los militares del Régimen, los que ostentaban el poder en los cuarteles, aquellos que habían sido alumnos de Franco en la Academia de Zaragoza, aquellos que lucharon como alféreces provisionales en el bando golpista que ganó la Guerra eran los que estaban al mando del Ejército. Tal vez aquellos años fueran los de la apuesta por el sistema democrático manteniendo a raya a los militares y a aquellos políticos que no querían perder la influencia que tenían durante la dictadura. Por eso se hicieron esas concesiones y se dejaron en vilo debates que, de haberse sacado a la luz, habrían roto la paz con la que se quería llevar todo el proceso de transición a la democracia.

Tras las primeras elecciones democráticas desde febrero de 1936, se instituyó lo que debía ser una legislatura que generara un proceso constituyente donde los partidos políticos con representación parlamentaria se encargarían de la redacción de la Constitución que fue refrendada por los españoles en el año 1978. En el texto constitucional se dedica el Título II a la Corona, dando como un hecho consumado que la Jefatura del Estado corresponde al Rey. En este Título se determinan cuáles serán las funciones del Jefe del Estado, su relación con los distintos poderes del Estado, su inviolabilidad ante la Justicia. 10 artículos pensados para blindar la figura de la Monarquía como garante de una presunta estabilidad en la Jefatura del Estado.

Los españoles fuimos a votar en un referéndum en el que daríamos el visto bueno a la totalidad del texto constitucional. Del mismo modo en que los ciudadanos votamos nuestros derechos constitucionales, también se nos obligaba a votar sobre Jefatura del Estado. Los defensores del actual modelo afirman que los españoles ya tuvimos la posibilidad de elegir entre Monarquía o República. Sin embargo, esa es una visión corta de miras e interesada, dado que, al presentarnos el texto completo, si se votaba NO se estaba renunciando a derechos como la sanidad, la educación, la vivienda, la libre sindicación, el empleo o la huelga y a libertades como la de expresión, reunión o manifestación. Es decir, que la Monarquía fue una imposición, una especie de chantaje de aquellos que querían mantener el statu quo sin que el pueblo decidiera sobre el modelo de Estado. La expresión «si queréis derechos y libertades, tenéis que tragar con un Rey como Jefe de Estado» define a la perfección lo ocurrido en 1978. Que sólo habían pasado tres años de la muerte del dictador y que aún había instituciones, como la militar, muy unidas a las esencias del Régimen era un hecho cierto. Que esas instituciones podrían haber sacado las armas a la calle si se planteaba el debate entre Monarquía o República era un hecho real, pero también lo es que a los españoles se nos impuso de manera torticera mantener vigente la voluntad de Franco. Hay que tener en cuenta un hecho que a veces pasa desapercibido en lo referido al anterior Rey: juró las Leyes Fundamentales franquistas pero no la actual Constitución, la misma Constitución que garantiza a la dinastía borbónica mantener el poder *in saecula saeculorum*.

Como ya se ha dicho anteriormente, el propio concepto de Monarquía es contrario al concepto de democracia, por mucho que haya países donde ambos conviven o por mucho que se la quiera maquillar con el apelativo de «Monarquía Parlamentaria». En una democracia los ciudadanos son quienes eligen a sus representantes en los órganos del Estado, y entre estos órganos se encuentra la Jefatura del Estado. No tener la posibilidad de elegir a quien representa a la Nación como figura máxima de la misma es una perversión del propio sistema político. Esta perversión hace que la democracia española no sea completa, por lo que es preciso cambiar la situación. El debate está en la calle, sobre todo desde la abdicación de Juan Carlos I en su hijo Felipe, que reina con el nombre de Felipe VI. La genética, los espermatozoides y los óvulos, el ADN ya nos tiene preparada a la Jefa de Estado que sustituirá a Felipe VI cuando éste deje el poder, ya sea por razones naturales, ya sea por cuestiones políticas. Es la naturaleza quien decide, no la voluntad del pueblo, el mismo pueblo al que la Constitución Española otorga la soberanía nacional.

Es evidente que el sistema democrático español debe revitalizarse y dejar de lado cualquier perversión. Por eso es vital que sean los ciudadanos los que tengan la capacidad de elegir tanto al Jefe del Estado como al Presidente de Gobierno. Eso sólo es posible en una República. Somos un país democrático y, por lo tanto, a los ciudadanos se nos debe permitir elegir entre ambos modelos de Estado y que seamos nosotros y no un chantaje subjetivo quienes decidamos a quién queremos como la máxima figura del país: un Rey o un Presidente de la República. Por eso es necesario que se nos consulte a los españoles para que nuestra democracia no se prostituya ni se aleje del pueblo. Si no deseamos que lo que tanto costó lograr se quede en una anécdota histórica ha llegado la hora de la consulta, ha llegado la hora en que los españoles decidamos.

El debate está ahí, sin embargo, ¿qué modelo de Estado republicano debería adoptar España? Esta pregunta es importante porque para plantear un cambio en el modelo estatal hay que saber desde un principio hacia dónde se quiere ir para que los ciudadanos tengan una idea de lo que se pide y no quedarse en la dicotomía de «rey o presidente». Quizá este sea el punto débil de quienes pedimos que se modifique la Jefatura del Estado, ya que dejar el debate en un mero cambio de figura sin saber cómo se ejecutará dicha modificación hace que la indecisión o la falta de proyecto concreto provoque una idea de continuismo con lo que hay respecto a lo que muchos españoles pensamos que es un derecho que se nos hurtó en aras del consenso y de la paz tras la muerte del dictador. No presentar un proyecto real de cómo se ha de implementar esa República hará que muchos ciudadanos se queden en la postura de «virgencita, virgencita, que me quede como estoy». Y mucho más con la situación de inestabilidad social originada por la crisis creada por las élites con el fin de abonar la imposición de las políticas neoliberales.

¿Qué modelo de República se plantea? ¿El de Alemania, donde el Presidente de la República tiene el mismo papel testimonial que el que puede tener la Monarquía española? ¿El de Francia, donde el Presidente tiene poderes ejecutivos? ¿El de Estados Unidos, donde tiene casi poderes absolutos? Modelos republicanos hay muchos y prácticamente cada país tiene un modelo propio. ¿Cuál es el adecuado para España? A continuación haré un repaso de algunos modelos y daré mi opinión sobre cuál sería el más óptimo para un país como España.

El Presidente de la República Federal de Alemania, Bundespräsident, tiene poderes prácticamente simbólicos y de representación política. No dispone de poder ejecutivo, poder que reside en el Bundestag, en el Bundesrat y en el Gobierno Federal. Es decir, que se trata de una figura muy similar a la que representa el actual Rey de España. Aunque dispone de algunos poderes políticos, éstos están muy limitados. Pondré un ejemplo: el Bundespräsident puede negarse a firmar una ley si tiene dudas de su constitucionalidad, sin embargo, tanto el Bundestag, como el Bundesrat, como el Gobierno Federal puede impugnar dicha decisión ante el Tribunal Constitucional. En caso de que éste reafirme la constitucionalidad de la ley, el Presidente se verá obligado a dimitir o a firmarla.

El Presidente de la Republica Francesa, a diferencia de la mayoría de los Jefes de Estado europeos, tiene bastantes poderes, a pesar de que el Primer Ministro y el Parlamento ostenten la gran mayoría de los poderes ejecutivo y legislativo. Quizá su competencia más importante es la de la elección del Primer Ministro (el Presidente del Gobierno). El Presidente de la República Francesa puede, entre otras cosas, disolver la Asamblea, promulgar leyes tras la aprobación del Parlamento (en los momentos de cohabitación, cuando el partido mayoritario en la Asamblea es distinto del que pertenece el Presidente, se pueden producir discrepancias, como las ocurridas durante la primera cohabitación, cuando François Mitterrand se negó a promulgarlas), puede vetar leyes para consultarlas al Tribunal Constitucional, preside todas las semanas el Consejo de Ministros y los Consejos Estratégicos, dispone de lo que en Francia se llama «Fuego Nuclear». Desde el año 2000 es elegido por sufragio universal.

El Presidente de la República Italiana tiene también un papel de representación sin apenas funciones ejecutivas. Es elegido por el Parlamento por un periodo de 7 años, cuando lo habitual oscila entre los 4 y los 5 años.

Estos son los modelos más importantes de Europa. Podría entrar a analizar al Presidente de los Estados Unidos como ejemplo de República presidencialista, pero tiene tanto poder acumulado y es, a mi modo de ver, un modelo no aplicable en Europa que no me detendré mucho en ello.

Hay que reclamar la República como el modelo de Estado más democrático, ya que la Monarquía, por mucho que sus defensores afirmen que fue legitimada en el Referéndum de 1978, no fue votada por los españoles, más bien fue metida con calzador junto con la legalización de los derechos civiles y ciudadanos de la Constitución. Los españoles votamos (yo no, tenía 4 añitos) el texto constitucional, no el modelo de Estado. Fue un «trágala» en toda regla. O monarquía o no hay Constitución. Era otra época, era otro momento histórico. El ruido de sables resonaba con cada nuevo avance hacia la democracia, los poderes fácticos del franquismo disponían de mucha influencia y podían tirar al traste todo el viaje hacia la democracia. Por eso se buscó la solución que no generara ningún enfrentamiento entre españoles: aceptar la voluntad de Franco en la Jefatura del Estado, no ponerla a discusión, no someterla a la votación de los españoles e incluirla dentro de la Constitución que todos los ciudadanos refrendaron en 1978. Los tiempos han cambiado y ha llegado el momento en que los españoles ejerzamos el derecho de elección de modelo de nación que queremos que se nos hurtara para favorecer la paz.

¿Qué modelo sería el más adecuado para España? Personalmente creo que el ideal sería el francés, esa bicefalia entre el Jefe del Estado y el Gobierno en un país cainita como el nuestro sería la solución para resolver las deficiencias democráticas actuales. En caso de haber cohabitación el propio Jefe del Estado sería quien controlara la acción de gobierno evitando los desmanes de una mayoría absoluta o de la imposición de una dictadura parlamentaria como la que está ejerciendo el Partido Popular en la actualidad. Dar poderes al Presidente de la futura República Española sería la profundización en el espíritu democrático y la reafirmación de la soberanía popular. Los otros modelos europeos sería un cambio de figura pero no afectaría a la vida política: el Presidente sería tan inútil como el actual monarca en lo referente a la vida política. Evidentemente, la elección de dicho Presidente sería por sufragio universal con una limitación de mandatos y no elegido por el Parlamento, como ocurre en Italia.

Sin embargo, el cambio de Jefatura de Estado también lleva a la modificación del modelo de Estado, sobre todo en lo concerniente a los modos de elección de los parlamentarios y a la política territorial. Evidentemente el cambio sería profundo y la apuesta debe ir orientada hacia el federalismo, pero ese es otro debate que trataremos en capítulos posteriores.

Hace unos años este debate se hallaba sólo dentro de las asociaciones, fuerzas políticas o personas que se sentían republicanas. Sin embargo, la crisis también se ha llevado por delante la popularidad de la monarquía. La crisis y la corrupción. En los momentos en que los miembros de la Familia Real eran populares entre los ciudadanos hubiera sido impensable que en un acto fueran abucheados, que las propias encuestas del CIS les dieran una nota inferior al 5, que una Infanta tuviera que declarar como imputada en un Juzgado de Instrucción o que el propio Rey tuviera que pedir disculpas públicamente por cacerías propias de la aristocracia en tiempos en que millones de españoles estaban por debajo del umbral de la pobreza. En otros tiempos la cacería del Rey en Botsuana junto a una rubia alemana habría sido tomada con ironía e, incluso, con cachondeo, como las escapadas de antaño a la alcoba caliente de alguna famosa actriz. Sin embargo, la crisis económica ha hecho que los ciudadanos nos planteemos si es rentable mantener una institución que no tiene función alguna para la vida diaria del pueblo. La Monarquía es un adorno que sale caro, que cuesta millones de euros, millones que se podrían invertir en otras cosas más necesarias. La crisis ha agudizado el sentido de los ciudadanos a la hora de valorar el dinero público. De igual modo también ha agudizado el sentido crítico hacia los Borbones. Hace algunos años a nadie se le hubiera ocurrido investigar en las cuentas millonarias que pudiera tener el Rey en Suiza o a ningún político se le hubiera ocurrido preguntar al Gobierno si ese dinero había sido presentado en la Declaración de IRPF del monarca. La crisis ha hecho que veamos a la Monarquía como lo que es: una institución inútil, sin ninguna función social, sin ninguna credibilidad democrática.

Para que nuestra democracia esté sana, es necesaria la consulta a los españoles, es primordial que los ciudadanos puedan elegir el modelo de Estado que quieren. Para mí lo más democrático es una República, pero si en ese referéndum el pueblo decide que se mantenga la Monarquía en la Jefatura del Estado se acatará porque ya habrá habido un refrendo popular a ese aspecto concreto y habrá sido el pueblo español quien haya decidido.

LIBERTAD RELIGIOSA: LAICISMO

La Constitución de 1978 «garantiza la libertad ideológica, religiosa y de culto de los individuos y las comunidades sin más limitación, en sus manifestaciones, que la necesaria para el mantenimiento del orden público protegido por la ley[17]». De igual modo se declara la «aconfesionalidad» del Estado, al reconocer que «ninguna confesión tendrá carácter estatal[18]». Sin embargo, ya existe una contradicción en la propia redacción del artículo 16.3 al afirmar que «los poderes públicos tendrán en cuenta las creencias religiosas de la sociedad españolas y mantendrán las consiguientes relaciones con la Iglesia Católica y las demás confesiones». Si la propia Constitución determina que España es un Estado aconfesional, ¿por qué se cita expresamente a una confesión en concreto? ¿Por qué se pone por encima de las demás confesiones a la católica?

España es un país mayoritariamente católico. Sin embargo, no es un país que se podría denominar católico, ya que esa mayoría de practicantes de esta

---

17 Constitución Española, artículo 16.1
18 Constitución Española, artículo 16.3

confesión viene determinada por el número de bautizos y no por el número de practicantes. El hecho de que se dé sea preponderancia a esta religión viene determinada de nuevo por la situación sociopolítica de 1978. La Iglesia Católica aún tenía mucho poder y mucha influencia y el camino hacia la laicidad del Estado no podía ser directa.

Apenas había pasado un mes desde la aprobación de la Constitución que señalaba la aconfesionalidad del Estado español y se hizo público el nuevo Concordato entre el Reino de España y el Vaticano. Este nuevo marco de relación entre los dos Estados llevaba negociándose, al margen de cualquier escenario democrático, desde el año 1976 por políticos católicos muy vinculados al Opus Dei y a la Asociación Católica Nacional de Propagandistas. Ya solo este hecho debe provocar el rechazo de los demócratas ya que dicho acuerdo se negoció al margen de cualquier órgano democrático y, sobre todo, al margen de la Constitución que se aprobó en 1978, texto que señala la aconfesionalidad del Estado mientras que el Concordato lo que genera es una especie de «confesionalidad encubierta» del

Estado. El Concordato de 1979 es una de las mayores hipotecas que tiene España respecto a su desarrollo económico. Los privilegios a la Iglesia respecto al resto de religiones, sobre todo en materia económica y educativa.

Hay aspectos del Concordato de 1979 que son continuistas respecto a los privilegios de la Iglesia Católica que le eran reconocidos en los Acuerdos entre España y el Estado Vaticano de 1953, privilegios que el dictador dio sin pestañear con el único fin de tener el respaldo internacional de la Santa Sede. A la Iglesia se le reconoce su personalidad jurídica civil y su plena capacidad de obrar; se garantiza la inviolabilidad de los lugares de culto, la imposibilidad de su demolición sin ser desacralizados; según el Concordato serán inviolables todos los archivos, registros y documentos de titularidad eclesiástica; a la Iglesia se le garantiza la impunidad a la hora de publicar y comunicarse, lo que provoca declaraciones de obispos comparando a la comunidad gay con cerdos o libros financiados por obispados que proclaman la sumisión de la mujer al hombre. El Concordato garantiza también la presencia y la asistencia católica en lugares públicos. También se permite que se iguale en carácter civil al matrimonio canónico, eso sí, siendo sólo la Iglesia la que tiene la capacidad de disolver dicho matrimonio canónico.

A nivel económico, los privilegios de la Iglesia Católica son casi obscenos. La institución religiosa está exenta de pagar impuestos como el IRPF y sobre el consumo (IVA). Tampoco pagan ningún tipo de impuesto urbano de los edificios de su propiedad, incluidas las residencias de sacerdotes, locales de oficinas, conventos, seminarios y edificios de culto. A la Iglesia Católica se la excluye del pago real de impuestos sobre renta y patrimonio, privilegio al que se une la total exención del impuesto de donaciones y sucesiones, siendo deducibles en el Impuesto sobre la Renta de las Personas Físicas todos los bienes donados a la Iglesia. El Concordato establece un periodo de tres años para que la financiación de la Iglesia se haga a través de la declaración voluntaria por el IRPF. Sin embargo, veintidós años tras la finalización de ese periodo la Iglesia se sigue financiando vía Presupuestos Generales del Estado, gracias a eufemismos como el «pago a cuenta» de lo que el Estado debe entregar por el IRPF. Se calcula que anualmente la Iglesia Católica percibe de los PGE una cantidad superior a los 10.000 millones de euros. Sin embargo, el déficit entre lo que la Iglesia recibe y lo que da supone miles de millones de euros, lo que provoca una deuda que nadie reclama, por lo que España sigue incumpliendo los criterios de convergencia exigidos desde la Unión Europea.

El Concordato también otorga privilegios en el ámbito educativo. Esta es una de las mayores hipotecas que tiene un Estado democrático como España, una hipoteca que va en contra de los propios principios señalados en el artículo 16 de la Constitución. El Reino de España está obligado por el Concordato a que toda la educación impartida en los centros públicos sea respetuosa con los valores cristianos. A esto se añade la obligación de impartir en la enseñanza primaria y secundaria de la asignatura de religión católica, equiparándolas a otras disciplinas como las matemáticas, la física, la literatura o la historia, es decir, que la Iglesia impuso que la enseñanza de sus creencias fuera equiparada a la ciencia o a la historia. A pesar de que no es una asignatura obligatoria y que se da una opción alternativa, es sintomática la imposición por parte de la Iglesia de su catecumenado en la educación pública y que el Estado está obligado a su impartición. Los profesores de religión católica son elegidos por la autoridad académica pero sólo del grupo de candidatos elegidos por el Ordinario Diocesano. Son miembros de pleno derecho de los claustros de profesorado. Los contenidos lectivos son impuestos por la jerarquía, cosa que parece lógica, pero lo que no lo es tanto es que se permita en centros públicos o concertados la celebración de ceremonias religiosas u otras actividades complementarias.

El Concordato entre la Iglesia Católica y el Estado es un acuerdo internacional que va en contra de la Constitución y es contrario al propio régimen democrático, como lo es la propia institución eclesiástica. No es de recibo que todos los españoles, seamos o no católicos, financiemos a la Iglesia Católica, que mantengamos con dinero público los edificios de la Iglesia, edificios que no pagan el Impuesto de Bienes Inmuebles y cuyo uso y disfrute es sólo para la Iglesia. Tampoco es constitucional que en los actos públicos estén presentes símbolos de la religión católica, que en las tomas de posesión de los cargos públicos estén presentes los Evangelios y el crucifijo, que en muchos colegios e institutos públicos o concertados las aulas estén presididas por un crucificado o una virgen.

La situación de la Iglesia Católica debe ser claramente modificada en la propia Constitución. En primer lugar, la propia Carta Magna debe ir más allá en su exposición sobre los mecanismos de libertad religiosa y dejarse de eufemismos como la «aconfensionalidad» del Estado para llamar las cosas por su nombre y declarar a España como un Estado laico, donde no haya ninguna confesión religiosa que esté por encima de las demás, como ocurre *de facto* en este país.

En segundo lugar, el Concordato debe ser derogado de manera unilateral por el Estado español ya que la propia existencia del mismo es anticonstitucional. La Iglesia Católica debe tener el mismo tratamiento que cualquier otra confesión religiosa o que cualquier persona física o jurídica. La Iglesia debe aportar al Estado lo que le corresponda a nivel de impuestos. En este punto, la Conferencia Episcopal siempre defiende que la institución pone encima de la mesa su labor social. En parte es cierto, pero en general es una falacia, ya que las asociaciones, congregaciones u ONG's dependientes de la Iglesia que están dedicadas a la atención a los más necesitados apenas perciben un 7% de los más de 10.000 millones de euros que el Estado les aporta. La Iglesia debe autofinanciarse, como hacen otras confesiones. Hablamos de esos 10.000 millones anuales, pero a esta cantidad hay que sumar lo que dejan de pagar por los impuestos de los que está exenta.

En una democracia madura no es de recibo que, en virtud de unos acuerdos entre Estados negociados antes de la aprobación de la Constitución que proclama la libertad religiosa y la aconfesionalidad del Estado, se continúe utilizando las aulas de la educación pública para adoctrinar a los alumnos en las creencias católicas, cosa que hasta hace poco no se permitía al resto de confesiones religiosas. Para cubrir las espaldas a la Iglesia el Estado español firmó acuerdos otras religiones para poder adoctrinar en las aulas. En un país democrático la doctrina religiosa o las enseñanzas de dichas creencias deben ser desterradas de las aulas estatales y, en el caso de España, también de aquellos centros concertados, ya que, lo contrario, va en contra de la Constitución y de la laicidad propia de cualquier sistema que se base en la igualdad entre todos. ¿Hay que desterrar la religión de la educación pública? Evidentemente, no, pero desde un punto de vista diferente y con un enfoque que no priorice a una confesión sobre las demás. Los alumnos deben conocer el hecho religioso, pero no ser adoctrinados. No es lo mismo enseñar un panorama y un estudio pormenorizado de todas las religiones a aleccionar sobre una en concreto.

La enseñanza de la religión católica y del resto de confesiones debe realizarse en sus propios templos y no en las escuelas públicas o concertadas que reciben dinero del Estado, dinero de todos los españoles, sean creyentes o no, sean practicantes o no.

En tercer lugar, debe desterrarse de las instalaciones públicas cualquier elemento referente a una confesión en concreto. En lo referido a la religión católica, disponen de capillas en cuarteles, universidades, hospitales, etc. En instituciones del Estado, como el Ejército, tienen privilegios que los separan del resto. ¿Por qué un capellán castrense tiene el rango y el salario de un oficial pudiendo, además, ascender en la escala? ¿Por qué hay capellanes en las universidades? ¿Por qué en las Fuerzas Armadas no hay rabinos, pastores o imanes? ¿Por qué no hay sinagogas, mezquitas o templos en las instalaciones públicas? Esa es la desigualdad de la que hablamos y por la que hay que sacar del ámbito público todo lo religioso, sea en la institución que sea, gobierne quien gobierne.

Una democracia no puede tolerar que la religión invada con su simbología o su culto aspectos que deberían ser totalmente asépticos en materia religiosa. No es tolerable que actos de Estado, como funerales, por ejemplo, culminen con una ceremonia religiosa. En los casos de las exequias de personajes que hayan tenido importancia dentro de la Historia de España y que tengan el honor de ser homenajeado a través de un funeral de Estado lo verdaderamente democrático es que dicho homenaje se celebre a través de una ceremonia laica y, posteriormente, si dicha persona es católica, celebrar la ceremonia religiosa en la más estricta intimidad familiar. Algo similar ocurre con las juras de cargos de Gobierno. ¿Por qué en un país «aconfesional» aún se jura la Constitución ante un crucifijo y los Evangelios, del mismo modo en que se hacía durante el franquismo? Esta presencia de la simbología católica es contraria a la propia Constitución ya que da preponderancia a una confesión concreta sobre las demás. Este hecho debe ser derogado y la toma de posesión de cargos públicos ha de realizarse sólo ante el texto constitucional, sin más parafernalia católica. Recordemos lo que ocurría durante el franquismo tomando como ejemplo la proclamación de Juan Carlos de Borbón como Jefe de Estado. En aquel acto el Rey juró ante los Evangelios las Leyes Fundamentales y los Principios del Movimiento Nacional. Tras la Transición, tras la aprobación de una Constitución que determina la «aconfesionalidad» de España, los cargos del Gobierno —Presidente, Ministros, Secretarios de Estado, etc.—, siguen jurando o prometiendo «cumplir y hacer cumplir la Constitución» con un crucifijo y ante los Evangelios. Esto es inconstitucional, puesto que dar preferencia a la confesión católica va contra el principio de igualdad del propio texto que están diciendo que van a cumplir y a hacer cumplir. Llevándolo al extremo podríamos afirmar que lo que provoca la presencia de esa simbología religiosa está provocando que nuestros cargos públicos hayan accedido a sus puestos a través del perjurio. El nuevo Jefe de Estado tuvo un gesto cabal en este aspecto al no colocar ningún símbolo religioso ni celebrar ceremonia religiosa alguna durante los actos de su proclamación.

El esperpento ya llega cuando se otorgan honores a componentes del santoral o del culto católico, como está ocurriendo con el Gobierno del Partido Popular. En la actualidad España tiene a un Ministro de Interior con profundas creencias religiosas que ha llegado a anteponer dichas creencias al propio espíritu democrático que debería mantener un ministro de un gobierno democrático. Fernández Díaz ha llegado al casi ridículo de imponer una Medalla al Mérito Policial a la Virgen del Amor con la excusa de que el Cuerpo Nacional de Policía comparte con dicha Virgen valores como la dedicación, el sacrificio y el desvelo. Un verdadero atentado a la democracia, al laicismo, a la libertad religiosa y a la propia Constitución. ¿Por qué no se conceden medallas a Yaveh o a las hijas del Profeta Mahoma?

En conclusión, España es un país donde la libertad religiosa se practica. No se prohíbe a ninguna confesión que practique sus ritos. Sin embargo, hay una preponderancia de la Iglesia Católica sobre las demás por el alto número de privilegios de los que disfruta dicha institución gracias al Concordato. Para regenerar nuestro sistema democrático dichos Acuerdos entre España y el Vaticano deben ser derogados unilateralmente por el Estado español, eliminando todos los privilegios de los que disfruta, tanto a nivel económico, a nivel educativo, como a nivel de presencia en las instituciones de la Administración. En segundo lugar, la propia Constitución debe avanzar hacia la declaración del Reino de España como un país laico. En tercer lugar, todo lo referido la enseñanza de las doctrinas religiosas debe quedar dentro del ámbito de sus centros de culto o edificios destinados a tal fin.

Cualquier otra cosa será contraria al propio concepto de la democracia e incumplir el principio de igualdad.

EL MODELO TERRITORIAL

Otra consecuencia de la Transición y de la falta de acople en la España actual es el modelo territorial. Como ya se ha comentado en anteriores capítulos, la situación sociopolítica tras la muerte del dictador hizo que se fuera con pies de plomo antes de abordar lo que el país necesitaba: la descentralización del Estado. Hubo que buscar un modelo intermedio entre el centralismo y el federalismo para no levantar ampollas entre aquellos que seguían fieles a la España una, grande y libre, sobre todo por la amenaza constante que suponía el rumor de los cuarteles en cuanto se tomaban decisiones que pudieran vulnerar los principios que se habían arraigado en España tras la Guerra Civil y sobre los que se asentó el Estado franquista. Era obvio que en la democracia hacia la que se quería llegar no se podía obviar los sentimientos nacionalistas que durante cuarenta caños habían sido silenciados por la represión del dictador. Igualmente, los defensores de la «unidad indisoluble de la Patria» no podrían soportar una descentralización completa, que era lo que realmente demandaba el país. Se buscó la fórmula intermedia y se encontró en el Estado

Autonómico, una mezcla entre el sistema unitario francés y el sistema regional italiano. De este modo se seguía manteniendo el concepto de Estado Unitario a la vez que se daban competencias a las Comunidades Autónomas que se constituyeran.

Los propios principios sobre los que se fundamenta la actual organización territorial están llenos de contradicciones, lo que demuestra que los equilibrios que hubo que hacer para mantener la paz y que la descentralización se hiciera dentro de la normalidad democrática. Son seis los principales pilares sobre los que se asienta el modelo territorial español. En primer lugar, tenemos el **principio de autonomía.** La Constitución de 1978 otorga a todos los entes territoriales de autonomía, pero el Estado es el único soberano. Las CCAA tendrán potestades legislativas y autonomía legislativa dentro de su territorio en las competencias que tienen transferidas.

En segundo lugar, tenemos el **principio de autonomía financiera.** Todos los entes territoriales deben disponer de los medios suficientes para poder desempeñar las funciones atribuidas por Ley. Los medios económicos de los que disponen cada Comunidad Autónoma provienen de tributos propios y la participación que les corresponde de la tributación estatal. Por tanto, las CCAA reciben dinero del Estado, lo que demuestra que, finalmente, la descentralización en España es parcial, al menos, desde el punto de vista económico ya que dicho principio de autonomía financiera queda velado por la necesidad de participar de los fondos estatales.

En tercer lugar, tenemos el **principio de Estado unitario.** Como ya hemos dicho anteriormente, el modelo español es una mezcla entre los modelos francés e italiano. Ya sólo hablar de Estado unitario en un modelo territorial que busca la descentralización es una contradicción. En un modelo territorial descentralizado la dependencia económica de las administraciones regionales respecto a la Administración Central del Estado debe ser mínima y centrada sólo en aspectos como la seguridad militar, por ejemplo. Las competencias que afectan directamente a los habitantes de cada región, autonomía, provincia o estado (dependiendo de la división territorial aceptada), incluidas las fiscales, deberían estar gestionadas por dichas entidades y no tener dependencia estatal.

En cuarto lugar, tenemos el **principio de unidad económica**, basado en la igualdad de todos los españoles, tanto a nivel de derechos como en obligaciones en todo el territorio nacional. Sin embargo, esta igualdad se determina a través de generar procedimientos que pueden ser interpretados como un proceso de generación de desigualdad, que analizaremos en líneas posteriores.

En quinto lugar, tenemos el **principio de participación democrática**, según el cual todos los cargos de las diferentes entidades territoriales serán elegidos mediante la celebración de elecciones democráticas a través del sufragio universal, libre, secreto y directo.

Finalmente, tenemos uno de los principios que generan más polémica y que, en parte, se relaciona con el de unidad económica. Nos referimos al **principio de solidaridad**, según el cual el Estado está obligado a establecer un equilibrio económico adecuado, utilizando para ello el Fondo de

Compensación Interterritorial, fondo que está dotado de partidas incluidas en los Presupuestos Generales del Estado. Es un principio polémico porque, al igual que el de unidad económica, genera interpretaciones acerca de la participación de las Comunidades Autónomas más ricas respecto a la de aquellas que tienen un menor número de ingresos.

Como hemos podido comprobar, a pesar del intento de descentralización, de la transferencia de algunas competencias desde el Estado hacia las Comunidades Autónomas, principalmente en lo referido a educación y sanidad, aún hay una dependencia de las entidades territoriales del Estado Central, sobre todo a nivel económico. Esto es consecuencia, en primer lugar, del paso intermedio que se dio en la Transición para no irritar a aquellos que anteponían la Unidad de España a las verdaderas necesidades del país. En segundo lugar, de la poca iniciativa política para cambiar el modelo desde los distintos gobiernos, sobre todo cuando ya dicho modelo estaba consolidado y no había peligro de rebelión en los cuarteles.

¿Cómo se financian las Comunidades Autónomas? La financiación gira en torno al principio de solidaridad que la propia Constitución recoge y que hemos visto anteriormente. Actualmente hay dos modelos de financiación que conviven y que acarrea polémica: por un lado tenemos el **régimen foral**, que se aplica a Euskadi y a la Comunidad Foral de Navarra. Por otro lado está el **régimen común**, el que regula al resto de Comunidades Autónomas, donde se incluyen también, aunque con tratamiento especial por razones geográficas o históricas, las Ciudades Autónomas de Ceuta y Melilla y la Comunidad Autónoma Canaria.

El Régimen Foral contempla los derechos históricos de los territorios de Euskadi y Navarra. Estos territorios tienen la potestad de mantener, establecer y regular su propio régimen tributario. Estas CCAA recaudan directamente todos los impuestos, salvo los referidos a las importaciones en tributos especiales y el Impuesto sobre el Valor Añadido. Son los gobiernos autonómicos los que contribuyen posteriormente a la Hacienda Pública central a través de una cantidad fija, el llamado **cupo** o aportación.

El Régimen Común es complejo y está siempre en la actualidad por las constantes polémicas surgidas con Catalunya y otras CCAA que están constantemente poniendo en duda este sistema. Los ingresos vienen a través tres fuentes:

1. Impuestos compartidos: parte de lo recaudado por el Estado Central va a las CCAA. Son tres, el IRPF, compartido al 50% salvo la subida de diciembre de 2011 que va íntegra al Estado; el IVA, compartido al 50%; impuestos especiales, de los que las Comunidades reciben el 58% de lo recaudado.

2. Impuestos cedidos: aquellos que son recaudados directamente por las CCAA. Aquí nos encontramos con los impuestos de patrimonio, sucesiones, donaciones, Actos Jurídicos Documentados y Transmisiones Patrimoniales. Son estos tributos con los que juegan las Comunidades en su financiación directa y donde pueden tener un mayor control sobre la recaudación, además de tener posibilidad de legislar sobre ellos. Un ejemplo lo tenemos en el Impuesto de

Sucesiones, donde hay Comunidades que eximen de su pago y otras no.

3. Fondos, que sirven para compensar la diferencia entre lo que recaudan las CCAA y lo que pueden gastar teóricamente. Son tres. En primer lugar tenemos el Fondo de Garantía, que pretende asegurar una igualdad en los recursos por habitante ajustado teniendo en cuenta factores como la dispersión poblacional o la insularidad. Por otro lado, está el Fondo de Suficiencia Global que financia las necesidades globales de lada Comunidad Autónoma teniendo en cuenta el resto de ingresos de la misma. Finalmente, tenemos el Fondo de Convergencia Autonómica que tiene como fin último favorecer la convergencia entre todas las CCAA. Este fondo se subdivide en dos partes: el Subfondo de Competitividad que pretende reducir la desigualdad en la financiación, y el de Cooperación destinado a igualar a las CCAA con menor Producto Interior Bruto.

Un porcentaje elevado de esas partidas que el Estado entrega a las CCAA viene a través de entregas a cuenta. Este es uno de los mayores problemas que tiene el Sistema de Financiación actual, ya que es el Estado el que hace una previsión de la recaudación de cada Comunidad y, en base a dicha previsión, hace una entrega a cuenta de la cantidad correspondiente. Pasados dos años se verifica lo que realmente les correspondía y se ajusta la liquidación. Como se dice a nivel de calle, esto es un porro, porque cuando la liquidación es positiva no hay ningún problema. Sin embargo, cuando se negativa descuadra totalmente las cuentas.

Tal y como hemos visto, el Sistema de Financiación Autonómica, se aleja totalmente de lo que debería ser dentro de un Estado descentralizado. La dependencia que tienen las Comunidades Autónomas del Estado Central a la hora de disponer de los fondos necesarios para la gestión de sus competencias es casi nula. Y, evidentemente, generan una polémica y una lucha constantes, sobre todo en un entorno económico de recesión que las obliga a tomar decisiones que van en contra de los intereses y necesidades de sus ciudadanos. Esta es la consecuencia de haber dejado la reforma territorial del Estado a medias, que tuvo su lógica en la España de la segunda mitad de la década de los setenta, pero que no la tiene tanto después de más de treinta años de democracia.

En el mes de julio de 2014 se han hecho públicas las balanzas fiscales de las Comunidades Autónomas. De estas balanzas se deduce que cuatro CCAA tienen un déficit fiscal superior al resto. Madrid, Valencia, Catalunya y Baleares aportan más de lo que reciben del Estado. Este hecho provoca que se escuchen discursos que se han utilizado en Catalunya para favorecer tanto al nacionalismo como al independentismo con el ya famoso «España nos roba», discurso que también es utilizado por la Comunidad de Madrid, aunque por razones políticas, sin tanta virulencia, pero dejando el poso del mismo mensaje. No hay un robo, pero está claro que el Sistema de Financiación Autonómico debe ser revisado y el fruto de esa revisión ha de ir encaminado hacia el objetivo de cubrir las necesidades de los ciudadanos y de fortalecer el Estado del Bienestar.

Por eso es cada vez más necesario andar el camino que no se anduvo en 1978 y avanzar hacia el Estado Federal. Las Autonomías ya han cumplido su función de vertebración nacional y cohesión social, además de implementar el primer paso hacia la descentralización, por mucho que los detractores del mismo y los defensores de una regresión hacia el centralismo no quieran ver ese fenómeno. Hay que tener en cuenta que en el año 1978 España no estaba integrada en la Unión Europea, la antigua CEE, ni se habían universalizado la sanidad ni la educación. La crisis económica ha hecho que se genere un malestar social hacia el Estado de las Autonomías, culpando a éstas de mucho de lo que ha ocurrido en los años de bonanza económica. Ese malestar se ve en los que defienden la regresión al centralismo, es decir, una vuelta hacia lo que existía en el franquismo o, como ocurre en Catalunya, buscar en la secesión la solución a las carencias de estar dentro de un sistema incompleto. Ni el centralismo ni la secesión son las soluciones a los problemas reales del Estado en lo referido a la territorialidad. La solución, tal y como se ha afirmado ya, está en la actualización y en el perfeccionamiento del propio sistema. Esa evolución, esa reforma, debe ir encaminada hacia la solución federal, que es el camino natural que el Estado Autonómico debe recorrer, es el paso siguiente a dar para hacer efectiva la descentralización de España.

La solidaridad entre los territorios debe seguir manteniéndose. Sin embargo, cada uno de ellos ha de cumplir una serie de objetivos de crecimiento, tanto social como económico, para lograr tener una menor dependencia económica y ser autosuficientes para cubrir las necesidades reales de los ciudadanos. Actualmente, una de las Comunidades Autónomas que recibe más de lo que aporta al Sistema es Extremadura, una región con una gran potencialidad en el sector primario pero que está desaprovechando sus recursos. La necesidad de cumplir una serie de objetivos de crecimiento hará que esos recursos se aprovechen, se busquen inversiones y se modifique el mapa productivo, ya que el sector primario, tanto a nivel agrícola como a nivel ganadero, da la posibilidad de un resurgimiento de la industria manufacturera. Este proceso de reindustrialización generará puestos de trabajo y, por consiguiente, un mayor número de ingresos. Este ejemplo se puede aplicar a otras Comunidades Autónomas, cada una con las capacidades y oportunidades que puedan tener.

A la hora de aplicar lo anterior es necesaria una amplia reforma del actual sistema de financiación partiendo de la base de una mayor autonomía en la recaudación tributaria de los territorios a través de la implementación de una fórmula más cercana al Concierto vasco y el pago de un cupo al Estado Central que al actual, sistema que, por cierto, ha demostrado su ineficacia. De este modo cada una de las divisiones que se establezcan tendrá una mayor independencia respecto a la gestión de los impuestos y una adecuación de dichos tributos a las verdaderas necesidades de sus ciudadanos. Como ya hemos visto en líneas anteriores, el actual sistema de financiación tiene una dependencia total del Estado. Hay que dar la vuelta a la situación para que el principio de solidaridad no se convierta en un principio de injusticia y desigualdad, es decir, lo contrario a lo que pretende. El planteamiento de imponer objetivos de crecimiento va orientado hacia esto. A medida que los llamémosles «estados» vayan cumpliendo con esos objetivos de crecimiento y de generación de riqueza basada en sus propios recursos y en los recursos generados con políticas expansivas la dependencia de unas entidades territoriales respecto del Estado y de los otros territorios será menor, generando de ese modo una situación de igualdad efectiva.

Uno de los puntos más polémicos del actual Estado de las Autonomías lo encontramos en la gestión de los recursos públicos de algunas de ellas. Se ha hablado de despilfarro, incluso de que una de las causas de la actual crisis económica se encuentra en las Comunidades Autónomas. Los defensores del centralismo, la gran mayoría de los cuales se halla en las filas del Partido Popular, se han aferrado a este argumento para ponderar los malos efectos que tiene en la economía española la descentralización. Sí que se ha despilfarrado, eso no se puede negar y ejemplos hay para escribir una enciclopedia. En la Comunidad Valenciana tenemos muchos ejemplos de ello. Tal vez se haya sobredimensionado el uso de los recursos económicos. Sin embargo, la racionalización del gasto público no puede venir del recorte de las partidas económicas destinadas a las CCAA en el actual Sistema de Financiación. Por esta razón la implantación de un sistema federal es fundamental para regenerar la democracia española. Hay que racionalizar el gasto y evitar el despilfarro del dinero de todos. Sin embargo, desde los defensores del centralismo, que casualmente son aquellos que le tienen cierta alergia a todo lo que sea sinónimo de democracia plena, tal vez por nostalgia del pasado, se utiliza este argumento como arma arrojadiza contra la descentralización. No obstante, este mismo argumento se les puede volver en contra, ya que por la misma razón se podría decir que el Estado Central está despilfarrando al mantener los Ministerios de Educación y Sanidad, ya que las competencias en esos ámbitos están transferidas a las Comunidades Autónomas. El hecho de que las entidades territoriales incluidas dentro del mapa federal tengan un mayor control sobre sus propias cuentas hará que se racionalicen y gestionen mejor los recursos ya que la dependencia de aquéllas del Estado Central ha demostrado que puede provocar un uso irracional de los recursos públicos.

Para implantar el Estado Federal y dar así el paso que no se dio en la construcción de la descentralización de España es necesaria una reforma constitucional a conciencia donde se delimiten claramente las competencias que tengan todas y cada una de las actuales Comunidades Autónomas. Uno de los errores del sistema actual es que no todas tienen transferidas las mismas, lo que genera confusión y tensiones entre los distintos territorios, por tanto, todos y cada uno de los «estados» deben tener transferidas las mismas competencias por parte del Estado Central. La transferencia de la educación y la sanidad está implementada en todas las CCAA, con la excepción de la gestión sanitaria en Ceuta y Melilla. No obstante, una competencia tan importante como es la Justicia está transferida a medias. Por ello hay una desigualdad entre unos territorios y otros. En el caso de la Justicia un ejemplo a seguir sería el modo en que se hace en Estados Unidos, donde existe un Tribunal Supremo en cada estado y la posibilidad de recurso al Supremo Federal. Lo mismo habría que aplicar en España. En general, todas las competencias del Estado deberían traspasarse a los territorios, se llamen como se llamen, salvo aquellos en los que la representación del país ante entidades exteriores sea precisa. Lo mismo ocurre en lo referido a la defensa nacional, que sería una competencia exclusiva del Estado Central.

Uno de los aspectos fundamentales de esa reforma del sistema territorial es la de la definición de las funciones del Senado como una Cámara dedicada en exclusiva a gestionar la representación territorial dentro de los órganos del Estado Central. Actualmente tiene unas funciones mucho más dispersas, a pesar de que un porcentaje elevado de los senadores son elegidos por designación directa por parte de las Comunidades Autónomas. No obstante, esa dispersión de funciones provoca que los asuntos territoriales queden en un segundo plano. Por tanto, el Senado debe tener solamente funciones de gestión del modelo territorial, centrarse sólo en los asuntos que afecten a las entidades territoriales o, directamente, desaparecer, ya que en la actualidad las funciones legislativas que le confiere la Constitución pueden ser asumidas el Congreso.

El cambio del modelo autonómico por el federal requiere, como ya se ha apuntado, una reforma constitucional. En dicha reforma deben protegerse los derechos fundamentales de los ciudadanos, sus libertades civiles y, por supuesto, el Estado del Bienestar, el único modelo que sustancia y da sentido a una verdadera democracia. Esta protección debe implementarse en todos los territorios, independientemente del nivel de renta o del porcentaje de PIB, con unos niveles de inversión mínimos a cumplir en cada ámbito, lo que conllevará la igualdad de facto de todos los ciudadanos, independientemente del lugar en que resida. Respecto a dicha protección del Estado del Bienestar dedicaremos un capítulo en exclusiva, sobre todo teniendo en cuenta el ataque frontal al mismo que ha perpetrado el Partido Popular.

Otro aspecto sobre el que se ha de incidir en lo referido al modelo territorial es la Administración Local, el lugar donde se acerca la política a los ciudadanos de manera efectiva. En su afán por destruir todo lo construido en España durante los casi 40 años de democracia, el Partido Popular implementó una Reforma de las Administraciones Locales en las que retiraba competencias de los Ayuntamientos para dárselas a las Comunidades Autónomas y para potenciar a las Diputaciones

Provinciales, que asumirán las competencias de los consistorios con menos de 20.000 habitantes. Por tanto, lo que pretenden los ultraconservadores es alejar la política del pueblo, alejar los servicios sociales del pueblo para que sean gestionados por entidades que desconocen la realidad de los ciudadanos de los pueblos y ciudades, servicios que, hasta ahora, eran gestionados por quienes sí que tienen un conocimiento total de lo que precisan los ciudadanos. Con esta reforma, y para no romper con la costumbre, el PP impone su ideología por encima incluso de la Constitución, ya que, tal y como afirmó el Consejo de Estado, se está vulnerando el artículo 140 de la Carta Magna.

El Gobierno de Mariano Rajoy, en su afán por anteponer las necesidades macroeconómicas de las elites a lo que precisan los ciudadanos, recorre un camino contrario al que marca la lógica, dado que la solución a la Administración Local no se encuentra en la racionalización de competencias de los Ayuntamientos, sino en la supresión de las Diputaciones Provinciales y la cesión de sus competencias a los consistorios o a las CCAA en el caso de que aquéllos no pudieran hacerse cargo de ellas. En una época en la que el Gobierno Central está ahogando económicamente a las Autonomías en el fanático afán de cumplimiento de los objetivos de déficit impuestos por la Unión Europea, eliminar competencias a los Ayuntamientos para cederlas a las CCAA es tan absurdo como presentar una reforma legal sin memoria presupuestaria, cosa que también está haciendo el PP.

El objetivo de la Reforma Local es la de ajustar el gasto público, no duplicar la ejecución de competencias. La realidad marca que muchas competencias no están duplicadas, sino que están triplicadas, dado que también las ejercen las Diputaciones. Estas entidades son un resquicio del franquismo que, a medida que el Estado se ha ido descentralizando y las Autonomías han ido asumiendo más competencias, van quedando obsoletas. Por eso es necesaria su eliminación, supresión que reportaría al Estado un ahorro de más de 20.000 millones de euros, la mitad de lo que Rajoy recortó en gasto público (sanidad, educación, prestaciones de desempleo, etc.) para el año 2012. La redundancia de funciones que quiere eliminar el PP con su Reforma Local se haría efectiva con la supresión de las Diputaciones en vez de atacar a los Ayuntamientos.

Lo que realmente es necesario es incluir en la Reforma Constitucional un apartado dedicado íntegramente a la Administración Local que regule y proteja las competencias de los Ayuntamientos a través del reconocimiento de su autonomía política. No es de recibo que las autoridades que están más cercanas al pueblo sean las más castigadas por la falta de regulación jurídica, regulación que debe venir a través de una Ley Orgánica que desarrolle lo planteado en la Reforma Constitucional.

Como se ha visto en todo el capítulo, es vital para el fortalecimiento de nuestra democracia la renovación del sistema territorial y avanzar lo que no se avanzó en la primera descentralización y no retroceder hacia un modelo centralista como muchos reclaman, sobre todo cuando en muchos casos se hace por la nostalgia.

LOS PARTIDOS POLÍTICOS

Uno de los hechos que demuestran que nuestra democracia necesita de una regeneración intensa es el descrédito, no sólo de la clase política, sino del propio sistema de partidos. Al igual que ha ocurrido con otros aspectos que ya han sido tratados en anteriores capítulos o que serán desarrollados en los posteriores, los partidos políticos no han evolucionado, salvo escasas excepciones y con pequeñas modificaciones, desde la época de la Transición. Este hecho también se ha acrecentado por la carencia de liderazgos que transciendan a la ciudadanía casi en progresión geométrica respecto a los años que van pasando.

Esa falta de evolución de los partidos también es una consecuencia de lo ocurrido en los años de la Transición. Tras la muerte del dictador, la reforma del Código Penal franquista en lo referente a los derechos de reunión, manifestación y asociación en 1976 y la eliminación del Movimiento Nacional en abril de 1977 por parte del Gobierno de Adolfo Suárez, comenzaron a legalizarse los distintos partidos políticos que habrían de concurrir a las Elecciones Generales, abriendo el arco hasta el mismo Partido Comunista de España, el enemigo del Régimen franquista.

Fueron los partidos quienes tomaron las riendas y el protagonismo de la fase de reafirmación de la democracia y, a medida que el sistema iba siendo más sólido, fueron convirtiéndose en entes opacos, en grandes corporaciones si nos referimos a aquellos que, además de su actividad política, tenían responsabilidades públicas.

La crisis económica ha hecho que muchas miradas se fijen en los partidos como responsables de la degeneración democrática y de la complicidad con el alejamiento de la política de los ciudadanos. También ha hecho que se ponga en cuestión el sistema de financiación de los mismos, un sistema que da pie a la generación de redes clientelares entre corruptores y corruptos cuando dichos partidos tienen responsabilidades de poder y la capacidad para la concesión de servicios u obras públicas. Del mismo modo se ha puesto en cuestión al propio Tribunal de Cuentas, principalmente por la falta de medios del mismo a la hora de poder ejercer sus funciones de control —escándalos de nepotismo aparte.

Es evidente que los partidos políticos, al igual que la sociedad, al igual que el mundo, deben ir al mismo ritmo que aquélla porque esa es la única manera de comprender y de actuar en favor de los ciudadanos. Sin embargo, da la sensación de que se están convirtiendo en instituciones obsoletas a la hora de dar respuestas rápidas a lo que el pueblo demanda de ellos. Esto puede ser cierto o no dependiendo desde la lupa desde que se mire. Hay muchos ejemplos de ello. No queda fuera de lo habitual que el principal partido de la derecha no evolucione. El inmovilismo va en su ADN. Sin embargo, en los dos principales partidos de la izquierda está ocurriendo algo parecido. No han evolucionado todo lo que los tiempos exigían, quedando con estructuras anquilosadas en el pasado. El inicio de la crisis económica, la rebelión pacífica de los ciudadanos en la primavera del 2.011, pilló a contrapié a estos dos partidos de izquierda. No supieron recoger el mensaje que el pueblo les estaba enviando cuando en las plazas españolas se escuchaban consignas como «que no, que no, que no nos representan». Algunas fuerzas se alinearon con los indignados, pero demostraron que el apoyo se quedaba en lo que podríamos llamar «institucional» sin entrar en el verdadero fondo de esa indignación. Otros, como el PSOE, no entendieron nada, no permitieron que esas reivindicaciones traspasaran las cortinas de sus estructuras. La posición de los socialistas era incómoda, puesto que era el partido gobernante y, según la lógica, quien gobierna no debe ponerse del lado de quienes protestan. Sin embargo, lo que está demostrando la evolución de los tiempos es que ambas posiciones no son excluyentes. Es cierto que muchas de las exigencias del 15M rozan la utopía ingenua, pero hay otras tantas que tienen una lógica. Los partidos tradicionales no han sabido, o no han querido entender que los ciudadanos no pasan de la política, por mucho que está demostrado el desapego hacia los políticos, sino que quieren ser parte integral de la misma, quieren participar, tanto en las decisiones que les afectan como en la posibilidad de poder aportar a las asociaciones políticas su visión del mundo más allá de lo que digan las urnas o de lo que los ciudadanos dicten en unas elecciones.

Esta inacción o esta falta de evolución han provocado dos cosas: en primer lugar, la imposibilidad de que los cambios que precisan los partidos no se transfieran a los modos de hacer política, lo cual transmite al pueblo una sensación de inmovilidad del sistema democrático. En segundo lugar, el nacimiento de partidos que parten con la ventaja respecto a los tradicionales de haber asumido las reivindicaciones de cambio. Este hecho hace que esas nuevas asociaciones políticas tengan un calado mucho mayor en los ciudadanos que aquellos que realizan su labor desde la Transición. Las Elecciones Europeas ya dieron un aviso con el ascenso espectacular de PODEMOS, siendo la cuarta fuerza más votada, tendencia que se está reafirmando con las encuestas en las que se acercan a porcentajes de voto que dejarían tanto a IU como a PSOE por debajo de ellos. Son encuestas sin más valor que la que le da la ciencia metroscópica, pero que muestran una tendencia de hacia dónde van las reivindicaciones de los ciudadanos y de quién creen éstos que les pueden resolver sus problemas. La crisis económica ha hecho que muchos de estos nuevos partidos sean vistos por aquellos que son las víctimas del nuevo capitalismo global, un capitalismo basado en la especulación en los mercados, lo que le hace más inhumano, como un parte de la solución a sus problemas que los partidos tradicionales no les dan o que, como en el caso del Partido Popular, se los han incrementado. No entraremos a analizar las ideologías, o la falta de las mismas, sobre las que se cimentan estas nuevas formaciones. No nos pararemos a ver si formaciones como PODEMOS basan su mensaje hacia los ciudadanos en la demagogia, en el populismo o si realmente son proyectos serios. No es el sitio. Lo que queda claro es que los partidos tradicionales han perdido gran parte de lo ganado durante este periodo democrático por no saber o no querer acercarse a las verdaderas necesidades de los ciudadanos, por no saber o no querer escuchar las demandas del pueblo.

Los constantes casos de corrupción y de financiación ilegal de los partidos, sobre todo del Partido Popular y del Partido Socialista, además de cierta falta de transparencia, hace que el tema de la financiación de nuestras asociaciones políticas se modifique.

En principio, las vías de financiación de los partidos políticos en España son cuatro:

- Subvenciones estatales
    - Subvenciones directas: Los Presupuestos Generales del Estado recogen partidas variables dependiendo del grado de representatividad obtenido en las elecciones.
    - Gastos electorales: Partidas presupuestarias que cubran los gastos de las diferentes campañas. Es también variable en función de los resultados de las elecciones.
    - Gastos de representación
- Cuotas de militantes y simpatizantes
- Donaciones
    - Particulares
    - Empresas
- Créditos bancarios

Actualmente, la financiación de los partidos está regulada por una Ley Orgánica del año 2007, la LO 8/2007, que sustituía a otra de 1987. Por esta Ley los partidos **no pueden recibir donación** alguna por parte de empresas públicas o de **empresas privadas que tengan parte de su negocio en la prestación de servicios o en la ejecución de obras para la Administración.** Por otro lado, las donaciones que reciban los partidos no podrán superar los 100.000 euros anuales de una misma persona jurídica o física, ni como fin un proyecto concreto. Todas estas donaciones se han depositar en una cuenta destinada exclusivamente a esta finalidad. Las cuentas deberán ser remitidas al Tribunal de Cuentas, quien emite un informe en un plazo no superior a 6 meses. Las infracciones tienen una vigencia de cuatro años y prescriben una vez pasado ese plazo. Los escándalos de corrupción provocaron que en el año 2.012 se realizaran algunas modificaciones de esta ley a través de la Ley Orgánica 5/2012, donde quedan prohibidas las donaciones de empresas pertenecientes a grupos empresariales que tengan intereses o contraten con la Administración. Tampoco pueden donar a los partidos las fundaciones que reciban subvenciones públicas, de igual manera que aquellas que superen los 50.000 euros anuales, independientemente que sean a través de personas físicas o jurídicas, deberán ser comunicadas al Tribunal de Cuentas. Por otro lado, esta reforma de la Ley de Financiación de Partidos Políticos, establece un límite de 100.000 euros anuales de condonación de deuda por parte de entidades bancarias.

Sin embargo, aunque la financiación está regulada, la realidad muestra que los partidos buscan siempre formas de conseguir ingresos que rozan la ilegalidad o, directamente, incumplen la ley, hasta que son pillados. Algunos, ni eso. Los partidos que han tenido responsabilidades de poder autonómico o a nivel estatal han estado o están implicados en casos de financiación ilegal. Lo vimos con el PSOE con el caso Filesa. Actualmente, la trama Gürtel ha destapado cómo el Partido Popular se financiaba irregularmente a través de la creación de redes clientelares, tal y como se confirmó con los *papeles* de Bárcenas, donde se recogían las donaciones en dinero B por parte de particulares y empresas con el único fin de lograr grandes contratos públicos por parte de éstas. Lo mismo ocurrió en Cataluña con

CiU y en Euskadi con el PNV. Dinero a cambio de contratos. Financiación ilegal a cambio de favores. Esto es intolerable y los ciudadanos piensan lo mismo. Pero, ¿por qué los grandes partidos precisan más dinero del que reciben de los canales de financiación legal? En parte porque es muy difícil mantener la viabilidad de asociaciones que se han convertido en grandes corporaciones que precisan de millones de euros para sostenerse. En parte porque el alejamiento de los ciudadanos les obliga a un gasto mayor en campañas electorales para poder llevar su mensaje a quienes les han dado la espalda y no les creen.

¿Cómo deberían financiarse los partidos? Evidentemente, los canales marcados por la ley son lógicos y no deben modificarse. Sin embargo, lo que fallan son los controles. El Tribunal de Cuentas ha demostrado que es ineficaz, ya sea por falta de medios, ya sea por dejación interesada de sus funciones. Por tanto, es lo que hay que reforzar, el modo en que se controla cómo los partidos políticos utilizan el dinero público y de dónde vienen los ingresos que reciben por parte de las donaciones privadas. El Tribunal de Cuentas es un organismo que debe ser sustituido por otro salvo reformado integralmente dándole más competencias desde el punto de vista sancionador. No es normal que un partido que está en la oposición se pueda permitir grandes inversiones en propaganda y actos electorales, o pagar miles de euros en sobresueldos, gastos que el partido que gobierna no se puede permitir. ¿Quién controla eso? Por lo visto hasta ahora, nadie, ya que la financiación ilegal evade todos los controles.

Por otro lado, la donación de dinero por parte de empresas, estén o no dentro de la red de contratistas de la Administración Pública, debe quedar prohibida. El hecho de que una empresa pueda donar dinero a un partido, tenga o no tenga poder, es un paso más que se da hacia una posible corrupción. Evidentemente, siempre habrá resquicios, pero si hay controles lo suficientemente fuertes, esas donaciones serán menores. Esta prohibición se puede extender a empresarios o a miembros de consejos de administración de grupos empresariales que tengan intereses o estén en la red de contratación de la Administración.

La propia Administración debe buscar un modo de canalizar las donaciones a los partidos. La creación de una Oficina de Control que fiscalizara las cuentas y que las donaciones se realizaran a través de ella sería útil, es decir, poner todas las manzanas en un cesto y ser la responsable de la transferencia de los fondos recibidos a las cuentas bancarias de los partidos. Para ello se pueden utilizar instituciones del Estado. Hay quien afirma que se puede usar al Banco de España, opción que es viable. Sin embargo, en el sistema actual donde estos órganos están, en parte, vinculados al partido gobernante (lo mismo que ocurre con el Poder Judicial), haría inviable la independencia de estos sistemas. Es más efectiva la creación de un órgano independiente, sin control político, quien ejerza esa misión auditora y gestora de las cuentas de los partidos en lo referido a los ingresos fuera de la subvención directa de la Administración. Este sería el único modo en que se podría tener controlada la financiación.

En lo referido al funcionamiento democrático de los partidos las propuestas que se hacen para obligar a una democracia efectiva para la elección de los órganos internos son más demagógicas que efectivas, ya que no se puede imponer por ley cómo debe gestionarse un partido político. Sería tan antidemocrático como lo que se quiere evitar. Habrá partidos que se rijan por una democracia efectiva a través de la elección de sus dirigentes a través de primarias, ya sean cerradas a su militancia, ya sean abiertas a simpatizantes y al pueblo, ya sean con la elección a través de sus órganos internos o ya sean por medio de la elección directa por las ejecutivas. El hecho de que cada partido tenga un modo de gestionarse también es un método para que el ciudadano sepa de la ideología de gestión de dicho partido, porque si hay organizaciones políticas que se rigen por la elección a dedo de sus candidatos o de sus dirigentes querrá decir que su espíritu es poco democrático. Lo mismo ocurre con el caso contrario: si un partido decide quién estará en los puestos de responsabilidad o encabezará candidaturas a través del sufragio demostrará su implicación con las esencias de la democracia.

Otro aspecto que sí habría que regenerar es el modo en que se gestionan las campañas electorales por parte de los partidos, ya que hay grandes despilfarros en eventos que están dirigidos a los convencidos. La gente que no milita o que no tiene una ideología marcada no suele asistir a los mítines. En la época de la Transición sí que tenían una utilidad por el renacimiento de las fuerzas políticas y por el encaje de la población a la hora de decidir al voto. Ahora nos encontramos en una sociedad que se aparta de los partidos. Por tanto, ¿siguen siendo útiles los mítines? ¿Consiguen recoger votos de los indecisos? En el mundo actual no. Hay otros medios, evidentemente, sobre todo los que proporciona la sociedad de la información, las nuevas tecnologías que están al alcance de todos gracias al desarrollo de las mismas. Evidentemente, una campaña electoral no sería lo mismo sin mítines ni actos electorales, pero, tal vez, sería necesario que se revisaran el modo en que se ejecutan. Los partidos grandes no disponen de medios suficientes para organizar durante más de dos semanas de grandes actos. Por eso necesitan endeudarse con las entidades bancarias. Estos actos también son un nido para generar corrupción y redes clientelares, tal y como hemos visto con algunas partes de la trama Gürtel. La modificación del sistema electoral hacia unas listas más abiertas hará que el proceso de cambio de las campañas electorales sean más cercanas al pueblo, hará que el mensaje de los partidos y de los candidatos se acerque a los ciudadanos y no se centre sólo en convencer a los ya convencidos.

Otro aspecto que muchos ciudadanos no entienden y que debe modificarse es el funcionamiento de los partidos políticos en el Parlamento. Tanto el Congreso y el Senado, al igual que los Parlamentos Autonómicos y los Ayuntamientos quedan configurados en grupos que funcionan como entidades que van todos a una, como Fuenteovejuna, en cualquier asunto que se debata, independientemente de la posición que ante dicho asunto tenga el diputado o concejal, es decir, que se arrincona la libertad de voto en favor de las estrategias políticas del grupo. Este hecho se hace más sangrante en temas que afectan a la vida de los ciudadanos y en la situación de secuestro de las instituciones por parte del Partido Popular. En esta legislatura hemos visto cómo mujeres votaban enfervorizadas leyes que derogan sus derechos o cómo un partido republicano en su esencia se ponía a favor de la Monarquía. Cuando algún diputado o concejal vota en contra de la estrategia del grupo se le multa por ejercer su libertad de voto, tal y como le ocurre a Celia Villalobos cuando se someten cuestiones relacionadas con derechos de la mujer o a Odón Elorza al abstenerse en la Ley de Abdicación. En una democracia, que los parlamentarios estén sometidos a esa disciplina de voto no es entendible por los ciudadanos. Tal vez tenga que ver con que en las elecciones se eligen listas cerradas y no diputados o concejales que estén sometidos directamente a lo que le exigen sus electores, tal y como ocurre en los países anglosajones. Si este es el problema y para que los ciudadanos puedan ejercer un mayor control de sus representantes se tenga que cambiar el modelo de elección de éstos, hay que cambiarlo porque, en muchas ocasiones, estas estrategias de los grupos parlamentarios chocan con los intereses del pueblo, y para eso no se elige a los representantes.

CORRUPCIÓN

La corrupción política y económica en España es una lacra que siempre ha estado presente en nuestra historia. Puede decirse que es un reflejo de la picaresca propia del espíritu español. Puede decirse que se trata de un reflejo de la desvergüenza de los malos dirigentes que históricamente ha tenido este país. Puede decirse que esta lacra es consecuencia de la búsqueda de caminos directos para lograr beneficios por el empresariado español desde el punto de vista del corruptor. Todo esto puede ser cierto, pero no es la verdad, porque no todos los políticos son corruptos, no todos los empresarios son corruptores y no todos los españoles son ladrones que buscan medrar a través de grandes pelotazos. Sin embargo, el hecho de que la corrupción esté tan extendida en este país hace que se convierta un problema, no sólo económico, que lo es, sino desde el punto de vista del sistema democrático, dado que un exceso de corrupción es uno de los mayores lastres que puede tener una democracia, puesto que se prostituyen valores y principios básicos de la misma.

Históricamente siempre ha habido corrupción política y económica en España. Los autores del

Siglo de Oro ya lo denunciaban en sus sonetos y en sus comedias. El propio Cervantes fue condenado por actitudes que hoy serían juzgadas como corrupción. Fueron famosas las tramas durante el reinado de Felipe III por parte de su Valido el Duque de Lerma. Ya en el siglo XIX la propia reina regente María Cristina de Borbón se vio envuelta en escándalos como la especulación con los precios de la sal o con la trata de esclavos. Del mismo modo en que en nuestros días vemos casos donde políticos y dirigentes han cobrado mordidas a empresarios adjudicatarios de obras públicas, los historiadores afirman que María Cristina de Borbón metía mano en casi todos los grandes proyectos industriales que se desarrollaban en España.

Ya en el siglo XX, donde tenemos fuentes históricas más sólidas, vemos cómo durante la Dictadura de Primo de Rivera, la II República y la Guerra Civil se produjeron graves casos de corrupción. Famosa fue la estafa del *estraperlo*, que fue la puntilla para el partido Radical de Lerroux. Una vez comenzada la guerra, el gobierno de la república se vio obligado a comprar armas a través de la negociación directa con los proveedores de armas debido a las restricciones del Comité de No-Intervención que impedía a los países a vender armamento a ninguno de los contendientes. Mientras se hacía la vista gorda respecto a Alemania e Italia en su apoyo a los golpistas, a pesar de las constantes denuncias presentadas por los distintos gobiernos republicanos, se controlaba hasta el más mínimo movimiento de los leales. Este contacto directo con los fabricantes hizo que muchos de los que componían las delegaciones comerciales cobraran cuantiosas comisiones que encarecían las partidas. Un ejemplo de ello lo refleja el escritor José María Gironella en su obra *Un millón de muertos*[19] con el personaje del policía Julio García, quien se enriquece gracias a las comisiones que recibe de los distintos fabricantes de armas.

Una vez asaltado el poder tras la victoria Franco se encontró con un país donde la agricultura y el tejido industrial habían sido destruidas como consecuencia de la guerra. La producción se encontraba bajo mínimos, por lo que las necesidades de los españoles superaban al stock de producto, por lo que tomó una gran importancia el mercado negro, el contrabando, el estraperlo. El propio dictador dejaba hacer a los dirigentes y a las élites que le habían

---

[19] GIRONELLA, José María: *Un millón de muertos*. Barcelona, Planeta.

apoyado con el fin de que el enriquecimiento de éstos eliminara las posibles ansias de poder político que, al fin y al cabo, era el único objetivo de Franco. Por esa manga ancha que permitía el dictador la corrupción política y económica fue un rasgo casi caracterizador del Régimen. La implicación política fue absoluta en todos los niveles, en algunos casos por la participación directa de los dirigentes del Movimiento Nacional, en otros por la impunidad con la que se permitía actuar a los estraperlistas y por la protección que recibían éstos. Mientras los ciudadanos vivían con estrecheces, pasaban hambre y vivían en la miseria, los corruptos protegidos por el Régimen tuvieron un enriquecimiento rápido. El dinero compraba lealtades y eliminaba posibles enemigos.

Los años iban pasando y el pueblo español iba ganando en prosperidad. Sin embargo, los casos de corrupción política y económica continuaban. Hubo casos tan graves como el Barcelona Traction, donde estuvo implicado Juan March. En referencia al contrabando y al estraperlo el propio gobierno estuvo implicado con una trama de venta de licencias de importación y exportación, donde se destacó el ministro de Comercio, Arburua, quien dejó la política siendo multimillonario. La apertura y la finalización de las sanciones internacionales provocaron un «movimiento patriótico» de dinero hacia Suiza. Al igual que está ocurriendo hoy día, los patriotas de pulsera lo son hasta que las exigencias de la una, grande y libre les puede tocar la cartera. En el caso que nos ocupa, más de 800 personas, todas ellas que se caracterizaban por una lealtad sin mácula hacia el Régimen, sacaron del país más de 400 millones de euros (70.000 millones de pesetas). Hasta el propio hermano de Franco, Nicolás, estuvo implicado en el escándalo de la quiebra de Manufacturas Metálicas Madrileñas S.A. El Régimen impidió que se celebrara juicio. Sin embargo, fue a finales del franquismo cuando se produjeron los dos casos de corrupción más potentes de la dictadura: el caso Matesa y el caso Sofico. El escándalo de Matesa consistió en la quiebra de la empresa dejando un agujero en el Banco de Crédito Industrial de 60 millones de euros (10.000 millones de pesetas). Se falsificaron cuentas y se sacó dinero ilegalmente de España. El Estado tuvo pérdidas millonarias puesto que el dinero que se recuperó fue a través de aseguradoras, nada de Matesa ni del principal implicado, Juan Vilá Reyes. No obstante, hubo consecuencias políticas al haber implicaciones de tres ex ministros de Franco (Navarro Rubio y Espinosa San Martín de Hacianda, y García Moncó, de Comercio) y de uno en activo (López Rodó). La realidad fue que se aprovechó un escándalo de corrupción para sacar a la luz las luchas entre las familias del Régimen. Más doloroso fue el escándalo Sofico, ya que los implicados fueron los miles de pequeños accionistas que depositaban sus ahorros por las garantías que daban los complejos de apartamentos en la Costa del Sol, una rentabilidad muy superior a la que daban bancos y Cajas de Ahorro. Famosas eran las campañas de publicidad en televisión. Todo resultó ser una estafa y un fraude, pero el crecimiento de Sofico tuvo que tener un apoyo institucional al recibir la empresa las licencias de construcción.

Con Franco muerto la corrupción ha sido una constante de todos y cada uno de los gobiernos democráticos. En la época de la UCD tenemos el caso de la colza y el escándalo Fidecaya. En los gobiernos de Felipe González tenemos el caso Kio, los fondos reservados, Filesa, el caso Guerra, Ibercorp, Urbanor, Roldán, Banesto, el caso Naseiro, etc. En los gobiernos de José María Aznar destacamos el caso del lino, Villalonga, Tabacalera,

Sanlúcar, Gescartera, Forcem, Pallerols, Zamora, etc. En los gobiernos de José Luis Rodríguez Zapatero tenemos el caso Gürtel, los EREs falsos, el caso Campeón, el caso Millet, el caso ITV, el caso Noós, etc. Finalmente, en los años de legislatura de Mariano Rajoy tenemos el caso Bárcenas, el caso Emarsa, el caso Dívar, el caso Cooperación, Pitiusa, el caso Pujol, etc.

Sólo hemos citado los más importantes y es probable que, dentro de la importancia, nos hayamos dejado muchos, pero lo que queda claro es que ningún gobierno, de ningún signo político, ha quedado libre de tener graves casos de corrupción durante sus periodos de mandato, estuvieran o no implicados. Lo que parece claro es que España es un país donde la corrupción se ha convertido en un fenómeno sistémico, es decir, que se encuentra dentro del sistema como algo habitual. Este hecho es intolerable y un atentado contra la propia esencia de la democracia, ya que, en la mayor parte de los casos, esos casos de corrupción se corresponden con un expolio de dinero público, del dinero de todos, del dinero que debería invertirse en mantener y apuntalar el Estado del Bienestar en vez de dedicarse a enriquecer a unos delincuentes.

De la corrupción no se escapa nadie, ninguna institución. Lo primero que salta a la palestra es la corrupción política. Sin embargo, también ha salpicado a la propia Monarquía y a la Iglesia. De ahí que los ciudadanos generalicen en su juicio y afirmen sin ambages que todos los políticos son unos corruptos, unos chorizos y unos ladrones. Esta aseveración es injusta, dado que no todos los políticos están implicados en casos de corrupción. Son muchos más los honrados que los que no lo son, pero éstos hacen mucho más ruido.

Criminalizamos a los políticos corruptos pero nos olvidamos siempre de los corruptores, de aquellos que están dispuestos a comprar a representantes públicos a cualquier escala con el único fin de beneficiarse del dinero de todos. Esto no exculpa a quien se deja comprar pero es importante que las medidas de prevención de la corrupción vayan también en ese sentido. Tal y como hemos comprobado en el caso Gürtel, los corruptos suelen generar una serie de redes clientelares asociadas a un partido político. Hemos comprobado cómo el amiguismo, las influencias, ha sido una corriente común dentro de la vida económica española. Los papeles de Bárcenas han demostrado cómo grandes empresarios hacían donaciones al Partido Popular con el único fin de lograr grandes contratos con la Administración. Ese dinero realmente es la mordida con la que se aseguraban las adjudicaciones aprovechando las grandes cuotas de poder que tiene el partido ultraconservador español. En ese mundo subterráneo que se crea por debajo de las cloacas del poder se demuestra que aquellos que no tienen ningún tipo de ética y están dispuestos a comprar a un representante público o a un dirigente de un partido no suelen tener un castigo, tanto penal como mediático, acorde a la acción cometida. Todo se queda en delitos tributarios, blanqueo de dinero o malversación de fondos públicos. Siempre después del hecho de la compra, de la entrega de comisiones ilegales, etc. Jamás por el hecho de corromper a un representante público. Esto es una de las cosas que fallan en el sistema, dado que el mecanismo de la corrupción comienza con el corruptor. Si queremos buscar medidas preventivas hay que ir a la raíz y sólo son castigados cuando se descubren las tramas.

No es casual que los repuntes del fenómeno corrupto en España suela coincidir con épocas de expansión económica, expansión que en este país va acompañado con repuntes del sector de la construcción. El último episodio lo hemos vivido durante la burbuja inmobiliaria generada por José María Aznar. La especulación del suelo tras la liberalización, la facilidad de acceso al dinero por las facilidades que daban las entidades bancarias, sobre todo las Cajas de Ahorro, hacían que muchos dirigentes vieran la oportunidad de ganar mucho dinero a costa del interés general de los ciudadanos, porque esas cantidades que recibían de parte de los empresarios que especulaban con suelo, con promotores o constructores, luego se imputaban a los costes de viviendas. A nivel municipal se fue testigo del incremento de patrimonios por parte de alcaldes, independientemente de los partidos a los que representaran. Un empresario dedicado a la compra-venta de suelos confirmó al autor que había alcaldes que pedían una cantidad fija sólo por concertar una reunión para el planteamiento del proyecto. El mismo empresario corroboró que su empresa financió másteres en el extranjero a alcaldes y concejales, pagó viajes al Caribe, y otras muchas acciones corruptoras para que unos terrenos fueran recalificados para, posteriormente, construir grandes promociones de vivienda que se vendían a un precio que triplicaba el valor real del suelo urbanizable. Esa especulación que tanto floreció a la sombra de la burbuja inmobiliaria y que fue permitida en todos los niveles con la excusa de la prosperidad económica fue un nido de corrupción política y económica que se está destapando tras la explosión de la burbuja.

La corrupción ha derivado también en el despilfarro de las Administraciones, sobre todo las Autonómicas y las Municipales. La facilidad para conseguir financiación provocó que el dinero público fuera invertido en grandes obras que se están demostrando inútiles con el paso del tiempo. España se ha convertido en un museo del despilfarro o en un cementerio de estructuras de grandes inversiones que se han quedado a medio hacer o, una vez finalizadas, no se están usando. El paradigma lo tenemos en los aeropuertos en lugares poco estratégicos para las compañías aéreas, ni siquiera las low cost. Un ejemplo lo tenemos en el de Ciudad Real. Otro caso de aeropuerto sin aviones es de Castellón, donde se han invertido 150 millones de euros y que cuesta al erario público 25 millones más al año para su mantenimiento. Teniendo en cuenta la proximidad de los aeropuertos de Reus y de Valencia fue una inversión inútil, y la demostración de ello es la imposibilidad de vender la infraestructura a aerolíneas o inversores extranjeros. La Comunidad Valenciana es un paradigma de ese despilfarro que se puede trasladar a un saqueo de las arcas públicas, del dinero de todos. Pasarelas que costaron más de dos millones de euros y que sólo se han usado quince días, enormes edificios que se pagaron a precio de obra de arte y que no son funcionales, utilización de medios de comunicación públicos como órganos de propaganda para dejarlos morir, grandes infraestructuras sin sentido, eventos multitudinarios como la visita del Papa Benedicto XVI o el Gran Premio de Fórmula 1 de Valencia. Centrarlo todo en Valencia sería injusto, ya que ese despilfarro del dinero público fue una plaga por todo el país. Todos tenemos ejemplos en la cabeza como la Ciudad de la Justicia de Madrid o la faraónica obra de la M30 de Gallardón. En España es habitual que cuando se licita pública las empresas que se presentan a dicha licitación presupuesten una cantidad tirando los precios para luego, una vez adjudicada, engordar dicho precio para que en el momento de la finalización de la misma el presupuesto inicial se haya multiplicado por dos, tres o cuatro. Esto es un nido para corruptos políticos como para corruptores, quienes, al fin y al cabo, son los grandes beneficiarios olvidando que el dinero despilfarrado pertenece a todos.

España es un país donde la corrupción política y económica es una de las grandes preocupaciones de los españoles, tal y como confirman las encuestas del CIS. La corrupción es, de igual modo, una de las causas del desapego de la ciudadanía hacia los políticos. En la época de crisis económica que estamos viviendo, por mucho que el gobierno de Mariano Rajoy insista machaconamente en que España ya se ha recuperado y hay raíces vigorosas, la corrupción política y económica es vista como una de las causas de los recortes que se han producido, y, en parte, es este un pensamiento que tiene cimentación lógica. Según diversos estudios la corrupción y la malversación de recursos públicos tienen un coste social del 4% del Producto Interior Bruto, es decir, que cada año los españoles perdemos 40.000 millones de euros. Sin embargo, ese coste es superior ya que estos estudios basan sus conclusiones en los casos conocidos. Partiendo de la base de que detectar la corrupción es complicado por la ingeniería económica que utilizan los corruptos, el monto final sería igual de escandaloso o superior a las cifras de economía sumergida que suponen un 27% de PIB. El impacto de la corrupción en la economía española no viene solo de las consecuencias en las cuentas de pérdidas y ganancias por los sobornos, lo que se deja de ingresar por la Hacienda Pública o lo que se despilfarra, sino que también tiene un impacto importante en la credibilidad del país, lo que ahora se llama de forma rimbombante Marca España, a la hora de conseguir inversiones que generen empleo y riqueza. Otra de las consecuencias de estas acciones por las que unos pocos se han enriquecido gracias al dinero público, ya sean políticos, ya sean empresarios, es la pérdida de capacidad de las Administraciones Públicas para financiar el Estado del Bienestar, la educación, la sanidad, las políticas activas de creación de empleo. Hay que recordar que los recortes salvajes en educación y sanidad han supuesto unos 10.000 millones de euros anuales. Si comparamos esta cifra con los 40.000 que suponen el coste de la corrupción en España comprobamos que aquélla es un 75% superior a los recortes.

Una de las causas por las que la corrupción es visto por los españoles como uno de los principales problemas del país es la sensación de impunidad que tienen los corruptos e, incluso, la protección que reciben de algunos Poderes del Estado. Las cifras son alarmantes: en los juzgados españoles hay abiertas más de 1.700 causas por corrupción, más de 500 imputados y sólo 20 están cumpliendo penas en prisión. El pueblo ve cómo la Justicia no es la garantía para hacer cumplir las leyes, que no es igual para todos los españoles, tal y como quedó demostrado con el tratamiento especial de la Fiscalía con la hermana del Rey y posicionarse dentro de la estrategia de los abogados defensores.

Todos los días nos encontramos en la prensa con escándalos a los que la Justicia no da respuesta a una de las mayores lacras de nuestra democracia. ¿Por qué las causas se alargan años y años hasta alcanzar los topes de prescripción de los delitos? En primer lugar, nuestro sistema judicial no dispone de los medios, ni humanos ni técnicos, para luchar contra una corrupción sistémica, para una corrupción que ha defraudado miles de millones de euros. La respuesta a la corrupción debería ser rápida y eficaz. Sin embargo no es así por falta de medios y, tal vez, por falta de iniciativa política.

Ante esta situación de indefensión en que se encuentran los ciudadanos frente la impunidad que se trasluce de la falta de medios de la Justicia los gobiernos deben poner como prioridad la dotación de medios a la Fiscalía Anticorrupción, a la Inspección del Estado, a los Juzgados de Instrucción, a las Fuerzas de Seguridad del Estado y a los órganos de control económico que puedan permitir, no sólo la agilización de los procesos, sino los procedimientos de detección de la corrupción. No es de recibo que los ciudadanos vean cómo ´muchos se aprovechan de sus puestos de responsabilidad para lucrarse con dinero público o por utilizar esas posiciones capacitadas para la toma de decisiones para enriquecerse sin que les pase nada, sin que el peso de la ley caiga sobre ellos. La corrupción política y económica tiene muchas caras y se fundamenta en multitud de procesos:

- Prevaricación
- Revelación de secretos
- Cohecho
- Tráfico de influencias
- Malversaciones
- Negociaciones prohibidas a funcionarios
- Blanqueo de capitales
- Apropiación indebida
- Fraude

- Estafa
- Falsedad documental
- Delitos contra el patrimonio histórico
- Delitos contra el medio ambiente

Todas son algunas de las expresiones que definen a estas actitudes que tienen como objetivo el enriquecimiento personal y cuya consecuencia se formaliza en la vida de los ciudadanos, ya que es a éstos a quien perjudica directamente. Por tanto, los poderes del Estado deben implementar todas las medidas con los medios necesarios para evitar, localizar, instruir, juzgar y condenar a quienes se han corrompido y a los que corrompen en unos plazos adecuados que eliminen de la sociedad la sensación de impunidad y de desigualdad ante la justicia. Es intolerable que pequeños delitos sean juzgados y condenados, mientras que las grandes causas de corrupción se eternizan en los juzgados por la falta de medios de los investigadores, de la Justicia y de los órganos de control económico.

Hay que ser realista. Los corruptos y los corruptores siempre estarán ahí porque el ansia de ganar dinero fácil es innata a la condición humana. Sin embargo, hay que poner medidas. En primer lugar, endurecer las penas y eliminar los plazos de prescripción del delito. La razón es muy sencilla: cada euro sacado ilícitamente de los recursos económicos de la Administración Pública es un euro que no se dedica a satisfacer las necesidades de los ciudadanos, de los mismos ciudadanos que, según la Constitución, son los propietarios de la Soberanía Nacional. Por tanto, hurtar recursos a los ciudadanos podría interpretarse como un delito de traición. Al igual que ocurre con los crímenes contra la Humanidad que no prescriben, la corrupción política y económica son una agresión a la propia Soberanía Nacional porque limitan los recursos que las Administraciones Públicas deberían destinar a mantener y potenciar el Estado Social. Por lo tanto, los delitos de corrupción no deben prescribir.

El arma fundamental para combatir la corrupción, además de los medios anteriormente citados, es la exigencia de transparencia, tanto de partidos políticos, como a cargos públicos, dirigentes y la Administración. La mala gestión de los fondos públicos, que es una de las causas más importantes para que se produzcan delitos de corrupción por parte de sus gestores, está provocada por una burocracia excesiva que, teóricamente, pone muchos controles pero que en la práctica dejan demasiados resquicios para que corruptos y corruptores se aprovechen de las grietas del sistema, ya que no sólo no impiden que se produzcan mala praxis sino que se utilizan como herramienta para estas prácticas irregulares. Hemos sido testigos de cómo se amañaban licitaciones antes incluso de convocarlas, como se puede interpretar de grabaciones de alcaldes de capitales de provincia con constructores, cómo se troceaban concursos públicos con el único fin de poder adjudicarlos a dedo sin realizar ninguna convocatoria. Estos aprovechamientos de los resquicios legales provocan graves perjuicios a los ciudadanos, dado que esas redes clientelares generan falta de agilidad y de responsabilidad en la toma de decisiones y, por supuesto, un encarecimiento de servicios y obras que favorecen a corruptos y corruptores. Ejemplos de este hecho los tenemos en cantidades ingentes, pero uno de los más graves lo tenemos en las actividades de Iñaki Urdangarín quien, aprovechándose de su posición como esposo de la hermana del Rey Felipe VI, logró contratos con instituciones públicas con precios que sobrepasaban con creces lo que costarían los mismos servicios si hubieran sido adjudicados a empresas «normales».

Los ciudadanos también hemos sido testigos de cómo el Gobierno de la Comunidad de Madrid troceaba concursos en diferentes lotes que no alcanzaban el mínimo exigido por Ley para convocar licitaciones y, de este modo, poder adjudicar los servicios a las empresas de la trama Gürtel. Por tanto, es necesario un mayor control y una mayor transparencia en todas y cada una de las operaciones donde se maneje dinero público. Los actuales controles están demostrando una ineficacia irresponsable. No hace falta un aumento de las inspecciones que paralicen la gestión dentro de un régimen inquisitorial, dado que hay mecanismos de control aumentarán la transparencia y la limpieza. El pago con cheques nominativos, el control exhaustivo de las cuentas bancarias de las Administraciones, el control de los pliegos de las licitaciones y el control de los procedimientos por entidades de inspección externas, son algunas soluciones para detener la lacra de la corrupción en las instituciones públicas y el enriquecimiento de unos pocos con el dinero de todos, dinero que debe ser dedicado al sostenimiento del Estado del Bienestar y a cubrir las necesidades del pueblo. Sin embargo, si se controla y se exige transparencia sólo a las Administraciones y no se aplica el mismo rigor a los que reciben dinero público, tanto en contratos públicos como en subvenciones, se abriría una vía para que las cantidades percibidas por aquéllos se utilizara para otros fines que para lo que originalmente fue entregado por la Administración. Todas las empresas, sean públicas o privadas, e instituciones deberán rendir cuentas del dinero público recibido, del mismo modo en que las corporaciones presentan dividendos a sus accionistas. Por otro lado, aquellas empresas que concursen deberán ajustarse a los presupuestos presentados en la oferta económica con la que concurrieron a la licitación.

La impunidad que los ciudadanos ven en los políticos implicados en casos de corrupción se acrecienta no sólo por la lentitud de la justicia, sino por el mantenimiento de sus cargos orgánicos y la no presentación de dimisiones. El hecho de que haya dirigentes envueltos en escándalos de corrupción sigan manteniéndose en sus cargos es una de las causas principales de la desafección de los ciudadanos hacia la clase política. Si somos justos, son muchos más los que no están implicados en corruptelas que los que están imputados por cualquiera de los delitos que se explicitaron anteriormente, pero éstos generan más alarma social. La búsqueda de procedimientos que obliguen a quienes se vean mezclados en casos de corrupción es uno de los puntos más importantes de la regeneración de nuestra democracia. Ya hemos visto que el fenómeno es casi sistémico, que ningún partido que haya tenido poder se libra de él, por mucho que las organizaciones siempre apelen a la irresponsabilidad individual del corrupto.

La impunidad percibida por los ciudadanos de los corruptos de la clase política no proviene solo de las decisiones judiciales, sino también de la falta de asunción de responsabilidades políticas por parte de quienes han incurrido en algunos de los delitos mostrados anteriormente. El pueblo no entiende que escándalos como Gürtel, Noós, ERE's, o el volumen ingente de los que se produjeron en Valencia, por poner algunos ejemplos, no tengan repercusiones políticas. Hay cientos de imputados que siguen manteniendo sus cargos en instituciones públicas. Se ha llegado a ver la indecencia de que más de un 10% del Grupo Parlamentario del Partido Popular en las Corts Valencianas estuvieran imputados en casos de corrupción, incluido el ex presidente. Hemos sido testigos de cómo el

Presidente del Gobierno, también Presidente del PP, figure como avalista de Luis Bárcenas en un banco en Suiza y que no se adopten medidas internas de carácter político. En países de nuestro entorno y con una mayor cultura democrática la sola presencia en un caso de corrupción, independientemente de la presunta culpabilidad o inocencia jurídica, acarrea dimisiones o la asunción de responsabilidades. En España no. En este país se espera a que sea la Justicia la que determine la culpabilidad o la inocencia para asumir dichas responsabilidades. Este hecho lo que realmente acarrea es una mayor separación entre los gobernantes y los gobernados, entre los representantes del pueblo y sus representados.

¿Cuál debería ser el límite? ¿En qué punto de la investigación o de la evolución de la imputación debe un político tomar la decisión de dimitir de sus cargos? Este es un tema confuso, un tema arriesgado a la hora de emitir un juicio drástico. Sin embargo, lo que queda claro es que la gran mayoría de aquellos que se aprovecharon de su responsabilidad pública para lucrarse o para enriquecer a corruptores amigos deben desaparecer de la vida pública, deben tener la vergüenza de abandonar la representación de los ciudadanos. En España los corruptos políticos están abusando del uno de los principios sobre los que se basa nuestro sistema jurídico: la presunción de inocencia. Cada vez que un político, independientemente del partido al que pertenezca, es imputado por corrupción se apela a la presunción de inocencia hasta que se emite una sentencia firme. Este abuso lo vemos en casos como el de Carlos Fabra en Castellón, donde se ha tardado más de 10 años en emitirse dicha sentencia. Cuando existe una investigación policial —a la que se le da presunción de veracidad— que determina la imputación de un representante público por delitos relacionados con la corrupción es el momento en que los políticos deberían dejar sus cargos institucionales.

Hay mucha gente que defiende que un cargo público no debe dejar sus responsabilidades institucionales sólo por el hecho de estar imputado. Para esta defensa se maneja el término «imputado» desde un punto de vista procesal, pero no desde un punto de vista político, sobre todo por el enorme caudal de imputados que genera este país. La definición jurídica del imputado se basa en la presunción de que alguien ha cometido un delito. El imputado puede utilizar la mentira como estrategia de defensa o se puede negar a declarar ante un juez. Esta figura queda delimitada para la fase de instrucción de cada caso, antes de la determinación por parte del instructor de si el imputado va a juicio o no. Si el juez determina que debe ser juzgado pasa a la figura del procesado. Los políticos suelen esperar a que ocurra esto para abandonar sus cargos. Sin embargo, la lentitud de la Justicia, la falta de medios, la complejidad de los escándalos de corrupción y la estrategia de defensa de los imputados hacen que esa figura que se creó como un modo de certificar las garantías legales de a quien le ha sido atribuido la comisión de un delito ha quedado prostituida. El imputado por un juez debe dimitir de sus cargos, independientemente de quien sea y del lugar que ocupe en el organigrama de la Administración.

Otra cosa es el comportamiento de los partidos a los que pertenezcan y sus códigos internos a la hora de expulsar o no a estas manzanas podridas. En este caso sí que es normal que se espere a la apertura de juicio oral o al dictamen de una sentencia firme. Los partidos deben comportarse con el mayor desprecio hacia quienes se han aprovechado de la democracia para su propio enriquecimiento o para favorecer a terceros. Sin embargo, lo que no han de hacer jamás es poner sus medios económicos o legales al servicio de estas personas. Va en contra de un sistema democrático que haya partidos políticos que pagan las defensas de sus imputados por corrupción e, incluso, se presenten como acusación con el único fin de retrasar la instrucción propiciando situaciones tan absurdas como que quien se presenta ante el juzgado como agraviado por el imputado funcione realmente como defensa del mismo. Ríanse, pero Luis Bárcenas puede dar fe de ello.

Los defensores de que el momento en que el político debe dimitir de sus cargos es cuando es procesado en juicio oral afirman que es un modo de defenderse de falsas acusaciones por parte de sus adversarios políticos o de asociaciones afines a éstos. En sí esta afirmación es absurda en lo referido a la imputación, dado que ésta no se produce hasta que un juez de instrucción lo determina. Una falsa denuncia o acusación no tendría recorrido judicial. Sin embargo, cuando un juez imputa a alguien lo hace con pruebas para ello y no aleatoriamente. Por otro lado, hay que dejar claro que la dimisión de un cargo público por estar imputado por delitos de corrupción no debe ser sinónimo de hacerle culpable antes de que la Justicia determine su responsabilidad o la ausencia de ella. Es simplemente un acto de coherencia y de respeto hacia el pueblo, hacia quien tiene la soberanía, hacia quien le dio su confianza para ejercer el cargo que ostentó. Es simplemente dignidad y ética política.

Otro asunto muy diferente es el del aforamiento de parlamentarios, tanto del Congreso y el Senado, como de los Parlamentos Autonómicos. La ciudadanía ve la figura del aforado como la impunidad de la clase política, y no es así, porque, en este caso, sí que se puede aplicar lo de la protección ante denuncias irresponsables. Lo que sí parece obvio es que esa figura del aforado debe ser restringida a las funciones de éste y no ser extensible a otras actividades, ya sean privadas, ya sean derivadas de otros cargos anteriores que no disponían de aforamiento.

El aforamiento está recogido en la propia Constitución. En el artículo 102 fija que el Presidente del Gobierno y todos los ministros serán juzgados por la sala II del Tribunal Supremo. El fuero se extiende a Diputados y Senadores en el artículo 71.3. La Ley Orgánica del Poder Judicial extiende el aforamiento a los Presidentes del Congreso y Senado, del Tribunal Supremo, del Tribunal Constitucional y diputados autonómicos. Lo que significa realmente estar aforado es que un juez de instrucción no puede imputarle directamente sino que debe solicitarlo a la Sala II del Tribunal Supremo y, si se detectan indicios de comisión de un delito, enviar un suplicatorio a la Cámara correspondiente. El aforamiento protege a los representantes públicos elegidos por el pueblo de jueces de instrucción irresponsables o marcados por su propia ideología. Si no estuvieran aforados un juez de instrucción conservador podría intentar derribar a un gobierno progresista, y viceversa.

Sin embargo, el aforamiento está siendo utilizado por muchos como un paraguas y, llegado el momento que ellos piensen adecuado, renunciar a las actas parlamentarias para seguir prorrogando las causas, tal y como hemos visto en las Corts Valencianas. Esta perversión de un fuero es la que debe ser eliminada y no éste, porque , como se ha explicado, el aforamiento no es sinónimo de impunidad.

ESTADO DE BIENESTAR Y DEMOCRACIA

Una de las razones por las que el pueblo piensa que la democracia debe regenerarse es la incapacidad de los últimos años para mantener dar una respuesta a los ataques que desde el poder financiero se hacen a los derechos que conforman el Estado del Bienestar. Este sentimiento se ha visto acrecentado desde que gobierna el Partido Popular, dado que los ultraconservadores españoles están queriendo implantar en España un sistema neoliberal, la antítesis del Estado del Bienestar.

Según la ciencia política, el modelo de Estado por el cual el Estado provee de servicios a los ciudadanos para hacer efectivos derechos mínimos en un régimen de igualdad es el Estado del Bienestar. Es el conjunto de actividades que los Estados, que no los gobiernos, desarrollan para buscar modelos de redistribución de la riqueza a través de los presupuestos públicos. Suelen desarrollarse en cuatro aspectos:

- Sanidad
- Educación

- Transferencias en dinero: subsidios y pensiones
- Provisión de vivienda, alimentación y servicios asistenciales

En relación a los derechos económicos, sociales y culturales aquél podría definirse como «el paso de una seguridad social sólo para algunos, a una seguridad social para todos los ciudadanos marca la aparición del Estado de Bienestar. Los derechos de seguridad social, es decir, las pensiones, la sanidad, el desempleo, junto a los servicios sociales, el derecho a la educación, la cultura y otros servicios públicos aplicados al conjunto de los ciudadanos y no sólo a los trabajadores, definirán la política de bienestar social como sello de identidad de las democracias europeas más avanzadas[20]».

La expresión Estado del Bienestar apareció por primera vez en 1942 en el Informe Beveridge que sirvió para fijar los cimientos del sistema de seguridad social del Reino Unido. Tenía tres ejes fundamentales: la vivienda, la salud pública y el

---

[20] *Derechos económicos, sociales y culturas*, Observatori Drets Econòmics, Socials i Culturals

empleo. Hay que tener en cuenta el momento histórico en que fue redactado el Informe Beveridge, cuando las principales ciudades británicas eran bombardeadas por los nazis un día sí y al otro también, cuando los ciudadanos británicos estaban pasando por las penalidades propias del bloqueo alemán y de la violencia de las bombas. Era necesaria la protección por parte del Estado de sus ciudadanos, de las personas que con su esfuerzo y sus impuestos seguían contribuyendo a las arcas de aquél.

La tragedia económica y social provocada por la II Guerra Mundial hizo que el concepto de Estado de Bienestar tuviera un fuerte impulso en las naciones. Dicho impulso está fuertemente entroncado con el desarrollo de las tesis keynesianas que triunfan en la posguerra y que recogían la necesidad del mantenimiento del consumo como base para la expansión del sistema capitalista. El objetivo último es la creación de un escenario de pleno empleo[21], una seguridad social universal para todos los ciudadanos y una educación gratuita en todos los

---

[21] Tasa de desempleo inferior al 3% de la población activa

niveles de la enseñanza. La finalidad del Estado del Bienestar era la consecución de una sociedad más justa mediante la redistribución de la riqueza que genera el sistema capitalista.

La importancia del gasto social provoca que se aumenten las partidas presupuestarias de los países occidentales tras la II Guerra Mundial, llegando a suponer en la segunda mitad del siglo XX un tercio de los presupuestos. En España, sin embargo, no se afianza esta tendencia hasta el restablecimiento de la democracia a finales de los años 70 y, sobre todo, con la llegada del Partido Socialista al poder.

Las crisis económicas cíclicas son uno de los máximos enemigos del Estado del Bienestar, tal y como estamos viendo en los últimos años. Las elevadas tasas de desempleo y el envejecimiento de la población provocan que los Estados tengan que endeudarse para mantenerlo, lo que hace que desde los sectores más conservadores y economicistas se siembren dudas sobre la sostenibilidad del Estado Social, dado que aumentan el déficit y la deuda soberana. También es la excusa perfecta para que desde los defensores del neoliberalismo económico se implante la idea de que es el sector privado el que debe cubrir esas necesidades de los ciudadanos, desligando cualquier gasto público de las obligaciones que la Constitución les marca.

Existe un hecho que hace que la actual crisis económica se esté utilizando como coartada para intentar eliminar el Estado del Bienestar para imponer un modelo neoliberal en la gestión de los servicios sociales. Nos referimos al cambio del modelo capitalista. Como hemos dicho anteriormente, el Estado del Bienestar era un modelo basado en el reparto de la riqueza generada por el sistema capitalista. Sin embargo, éste se ha modificado en un sistema basado en la especulación de los mercados. Este cambio del capitalismo basado en la producción al que se centra en los movimientos de los mercados financieros incita a que se quiera hacer ver por parte de los gobiernos que el Estado de Bienestar es inviable tal y como está planteado en la actualidad. Para quienes defienden esta teoría deben ser las empresas privadas quienes gestionen lo que hasta ahora gestionaba el Estado. Por tanto, el nuevo capitalismo no quiere participar del Estado Social, y esto es un problema que desde la política se ha de resolver.

Sin embargo, este mismo fenómeno de cambio del capitalismo hace que la propia política se haya convertido en un subdepartamento de la economía global, lo que provoca que los problemas de los ciudadanos queden en segundo término para priorizar las necesidades de las élites económicas por encima de aquéllos. Esto es una contradicción y un atentado contra el propio sistema democrático, tal y como estamos comprobando con las políticas de austeridad impuestas por los poderes económicos a los Estados, poderes representados por instituciones que no han sido elegidas por los ciudadanos pero que cuyas decisiones, o recomendaciones, están influyendo en las vidas de aquéllos. Los Presidentes, Primeros Ministros, Ministros o Jefes de Estado están basando su acción de gobierno en generar datos macroeconómicos positivos olvidándose de su principal función: cubrir con lo que el pueblo soberano precisa en un momento determinado.

Esta sumisión de la política a la economía es uno de los puntos que debe modificarse para poder hablar de verdadera democracia. Hay que partir de la base de que quienes están en la cima del poder económico no tienen más interés que el suyo propio. No les interesa para nada el bienestar de los pueblos. Un ejemplo claro lo tuvimos cuando estalló la actual crisis económica. La caída de Lehmann Brothers provocó un cambio en los modos de trabajo en los mercados. Los poderes económicos pasaron de especular en fondos de inversión a materias primas y alimentos, lo que generó una subida de precios que derivaron en una crisis de hambruna en el cuerno de África, crisis donde murieron cientos de miles de personas.

El miedo y la deuda son los canales por los que los mercados se están haciendo con el poder real de los Estados democráticos. Es una de las claves sobre las que se asienta el liberalismo económico y sobre las que se ha cimentado la toma de la política por parte de los poderes económicos. Este hecho ha provocado el debilitamiento del Estado del Bienestar. Las obligaciones macroeconómicas, aquellas que benefician a la especulación de los mercados, se colocan por encima de las prioridades de los ciudadanos por los gobiernos de ideología neoliberal. La deuda soberana se ha convertido en la coartada para que se quieran imponer desde ejecutivos y entidades supranacionales políticas de austeridad respecto al gasto público. Este hecho provoca que el Estado del Bienestar se resienta o quede en manos de empresas privadas. Esto lo estamos viendo, sobre todo, en la Europa del Sur y sus gobiernos conservadores entregados como fanáticos a esta austeridad que está provocando dolor, hambre y muerte a la ciudadanía. El cambio del capitalismo hacia la especulación de los mercados hace que ese reparto justo de la riqueza sea nulo, puesto que ya no hablamos de rentas del trabajo sino de rentas del capital que son protegidas por estos gobiernos irresponsables. Como ya se ha visto anteriormente, el propio concepto de Estado del Bienestar se basaba en el reparto justo de la riqueza generada por la sociedad capitalista. Ahora no ocurre eso porque la especulación no conoce de reparto justo, es una recogida constante de beneficios individuales. Esos especuladores ahogan a los países con la deuda soberana, con las necesidades de financiación de los Estados para el sostenimiento de la protección a sus ciudadanos. El primer paso que dan los mercados para erradicar los servicios sociales que cualquier nación democrática es el incremento de la deuda. El pago de los intereses que van aplicados a dicho adeudo provoca que se tengan que destinar a este fin los capitales que pertenecían a las partidas dedicadas al mantenimiento del Estado Social, lo que genera una depauperación de los mismos. Lo estamos viendo en la España de Mariano Rajoy, cuando los recortes perpetrados en sanidad, educación o dependencia, por citar algunos, se corresponden casi con exactitud a las cantidades destinadas al pago de los intereses de la deuda. Este deterioro hace que los partidos políticos defensores de esa entrega total al libre mercado comiencen a propagar la idea de que el Estado del Bienestar no es sostenible y que hay que acabar con él. Finalmente, se privatiza para generar más beneficios a las élites económicas y empresariales protegidas por dichos partidos conservadores.

En España estamos siendo testigos de cómo esa estrategia se está queriendo implementar por parte del Partido Popular, un partido presidido por un peligroso liberal. Todas y cada una de las instituciones gobernadas por los ultraconservadores españoles están implementando medidas que van en contra de los intereses de los ciudadanos porque la restricción del Estado del Bienestar es gobernar en contra de los gobernados, es dar la espalda a quien tiene la Soberanía del Estado. Las constantes «mareas» en defensa de lo público dan fe de que el fin último del PP es la destrucción del Estado Social para entregarlo a las élites económicas y empresariales.

Por este hecho, la reforma de nuestra democracia, la regeneración de la misma, debe darle prioridad a la protección de dicho Estado del Bienestar, incluyendo en la Reforma de la Constitución la cantidad mínima que los Presupuestos Generales del Estado deberán destinar a la protección de la sanidad pública, de la educación pública, del sistema de pensiones o de la protección a las personas dependientes, por citar algunos de los pilares sobre los que se debe asentar el Estado del Bienestar, de la protección de los ciudadanos que fue implementada en España por los gobiernos del

Partido Socialista y que los gobiernos del Partido Popular quieren desmantelar.

Un Estado con una verdadera democracia no puede permitir que el gobierno de turno, normalmente de derechas o conservadores, implemente políticas que vayan en contra de los derechos de los gobernados. Cualquier reforma, Decreto Ley o Ley que disminuya los medios económicos necesarios para el perfecto funcionamiento de los servicios sociales y para que éstos cubran con las necesidades de los ciudadanos es un ataque frontal que el propio Estado debe frenar a través de la Ley Fundamental.

El derecho a la sanidad de los españoles está recogido en la propia Constitución Española en el artículo 43. Hay un hecho que demuestra la importancia del mismo, dado que fue uno de los pocos que apenas sufrió cambios desde la presentación del Anteproyecto Constitucional hasta su redacción definitiva.

Fue el Partido Socialista quien impulsó definitivamente el Sistema Nacional de Salud a través de la Reforma de Ernest Lluch. Los puntos principales de esta Reforma fueron:

1. Incremento de la cobertura sanitaria a casi el 100% de los ciudadanos
2. Incremento del gasto público en sanidad en 0,8 puntos PIB
3. Aumento al 78% de la financiación pública
4. Definición e incremento de las prestaciones sanitarias, poniendo el foco principalmente en:
    a. Atención primaria
    b. Atención a la salud mental
    c. Planificación familiar
    d. Creación de la política de trasplantes
5. Configuración de una atención sanitaria completa y de calidad

Además, se incorporaron novedades significativas que garantizaban que la sanidad pública llegara a todos los ciudadanos. En primer lugar fue muy importante el acercamiento de los profesionales a los ciudadanos al crear la Red de Atención Primaria y la creación de los Centros de Salud que hasta entonces no había salvo en ciudades importantes.

En el mundo rural no existían. También se modificaron los papeles de actores tan importantes como el Cuerpo de Enfermería, dándoles más responsabilidad y se incluyó un aspecto muy importante para el cuidado de la salud de los ciudadanos: la historia clínica.

En la actualidad la sanidad supone un gasto de 9,6% de PIB al ser una prestación no contributiva. Esto que puede parecer mucho dinero supone un punto porcentual menos que la media europea. La Sanidad española es ejemplo y referente en muchos aspectos, como, por ejemplo, el Sistema de Trasplantes. Evidentemente, desde la Reforma de Lluch el gasto sanitario ha ido creciendo en la misma progresión en que subía el PIB, pero siempre ha estado por debajo de las medias de los países europeos, por tanto, es un sistema viable y sostenible.

No obstante el Partido Popular ha puesto en cuestión el modelo sanitario, no por su viabilidad o por su sostenibilidad presupuestaria, sino por el único fin de aplicar su modelo ideológico en este aspecto, un modelo ideológico que es una burda copia de las reformas que aplicó en los años 80 del siglo XX en Reino Unido Margaret Thatcher. Dentro de su modo mercantilista de ver la vida no puede ser que el Estado dé nada a los ciudadanos a cambio de nada. No es posible que la gestión de la sanidad sea deficitaria y debería dar beneficios. El PP ve en la sanidad un derecho deficitario y, por tanto, hay que convertir a los pacientes en clientes.

El blindaje de la sanidad en la Constitución debe ir orientado a que se cumplan unos mínimos económicos en la transferencia de fondos a quien tiene la competencia sanitaria. Actualmente son las Comunidades Autónomas. En la España federal esta competencia deberá mantenerse en los órganos territoriales, puesto que la mayor independencia económica del Estado hará que se mejoren los servicios sanitarios. La inversión estatal y de estos entes territoriales federales no podrá ser inferior al 13% del PIB, es decir, 130.000 millones de euros. No se puede permitir que haya gobiernos o partidos que destruyan algo que es de todos, que quieran destrozar lo que ha sido pagado por todos, se use o no, y que se financie a empresas privadas que no buscan el bienestar de los ciudadanos, sino el aumento de sus beneficios, pasando por encima, incluso de la calidad de atención.

La educación es uno de los pilares sobre los que se asienta el desarrollo de un país. Un país con altos niveles educativos es un país competitivo. Un país con un sistema educativo igualitario, donde todos los ciudadanos tengan las mismas oportunidades de acceder a una educación de calidad, es un país moderno. España era un país con un sistema educativo lo suficientemente competitivo en niveles de igualdad hasta la llegada del Partido Popular al poder, tanto en la etapa de José María Aznar como en la actual etapa de Mariano Rajoy. Cuando en España gobierna la derecha la educación se quiere convertir en un privilegio lo que es un derecho de todos los españoles.

Esto es lo que un Estado democrático no puede permitir, ya que uno de los aspectos en los que se puede comprobar la eficacia de una democracia en lo referente a la igualdad de oportunidades entre todos los españoles, principio de igualdad sobre el que se sustancia la propia Constitución. El Partido Popular con su LOMCE ha mercantilizado un derecho, buscando la rentabilidad económica y nos retrotrae a modelos educativos que ya parecían olvidados, modelos en los que los poderosos tenían la capacidad de proporcionar educación mientras que los ciudadanos de a pie, el pueblo llano, tenía que conformarse con proporcionar educación básica o, como mucho, finalizar el bachillerato. La derecha española desprecia el principio de igualdad de oportunidades que proclama la Constitución Española. La bajada de la edad de comprehensividad a los 14 años ya supone una barrera para los niños de algunas etnias o clases sociales más desfavorecidas, algo que se legalizó en la Ley General de Educación de 1970, la Ley 14/1970, y en la que muchos se quedaron en el camino. Esto provoca que se generen bolsas de chavales no cualificados que son propicios para aceptar los abusos que desde el mundo empresarial como desde las pautas que marquen los mercados económicos. Es una forma de volver a la persona no cualificada que para sobrevivir aceptará cualquier cosa, cualquier salario, cualquier escenario de explotación.

Otro de los aspectos que acentúa el clasismo y la segregación social del modo de ver la educación por parte del Partido Popular es la apuesta por los centros especializados, centros que, en su práctica totalidad, son privados. No es posible que se haga un concierto, como ocurre con la Primaria o la ESO ya que la LOMCE no asegura que la Educación Infantil tenga un perfil educador, sino que pasa a ser asistencial, es decir, un privilegio. Los niños de las víctimas de la crisis o de la clase trabajadora no recibirán una educación igual a la de los niños de las clases acomodadas, privilegiadas o protegidas por el PP, lo cual ya es un atentado contra la igualdad de oportunidades que en lo referido a la educación pondera la Constitución de 1978.

Cualquier forma de segregación es una manera de generar desigualdad. Esto es lo que hace la Ley Wert al primar la excelencia de los resultados por encima de otras ponderaciones.

Por este motivo, el derecho a la educación debe quedar protegido y blindado por la propia Constitución para todos los niveles. El principio de igualdad de oportunidades queda liquidado con la subida de las tasas universitarias en un 66% en algunas Comunidades Autónomas. ¿Por qué un español debe pagar más por una misma carrera dependiendo del territorio en el que viva? La Constitución deberá proteger la educación imponiendo, al igual que con la sanidad, un mínimo del 8% del PIB, 80.000 millones de euros, para ello, además de igualar las condiciones en las que los estudiantes acceden a los grados universitarios independientemente de los territorios donde residan.

Exactamente lo mismo ocurre con el Sistema de Pensiones. Los pasos que se van dando desde que gobierna la derecha más reaccionaria de Europa están orientados hacia una depreciación del sistema de pensiones actual para que los que aún no se han jubilado quieran acogerse a Planes privados. Si algo hay sagrado en cualquier país democrático es la protección de los mayores con un sistema de pensiones que les garantice los mínimos de supervivencia tras décadas de trabajo. Así lo asegura la Constitución Española vigente en su artículo 50: « *Los poderes públicos garantizarán, mediante pensiones adecuadas y periódicamente actualizadas, la suficiencia económica a los ciudadanos durante la tercera edad. Asimismo, y con independencia de las obligaciones familiares, promoverán su bienestar mediante un sistema de servicios sociales que atenderán sus problemas específicos de salud, vivienda, cultura y ocio*». Lo sagrado para el PP es el culto a personajes de ficción a los que quieren endosar las soluciones a la crisis o su sumisión a los poderes económicos y los mercados. La protección de nuestros mayores es algo secundario, salvo si con ellos se pueden abrir nuevas líneas de negocio.

Lo anterior se ha demostrado con la Reforma del Sistema Nacional de Pensiones, un sistema que hasta que llegó al poder Mariano Rajoy había contado con un consenso casi total entre todas las fuerzas políticas, tanto de izquierdas como de derechas, tanto nacionalistas como españolistas. El Partido Popular, al igual que con el resto de sus reformas, ha impuesto su ideología de eliminar cualquier protección por parte del Estado hacia los ciudadanos.

El departamento de Fátima Báñez ha impuesto a nuestros jubilados un nuevo sistema de cálculo de las pensiones y de su revalorización anual. Hasta ahora esta revalorización estaba basada en el índice que marca los niveles de vida de los españoles: el IPC. Si la vida sube un tanto por ciento concreto, lo lógico es que las pensiones, al igual que los salarios, se revaloricen en la misma proporción. Si los costes de la vida suben, las pensiones y los salarios deben subir en igual medida. Sin embargo, para el Partido Popular esto no es así. Lo han demostrado con esta reforma de las pensiones que elimina la revalorización en base al IPC por otro que se basa en la situación macroeconómica. Ahora los pensionistas tendrán una subida del 0,25%, aunque los costes de la vida suban un 3 o un 45%. Este índice de revalorización tendrá en cuenta los gastos del sistema de pensiones cada año y el déficit o el superávit anual. ¿Cómo van a tener superávit si los cotizantes a la Seguridad Social están bajando gracias a las políticas de empleo del PP? En resumen, el Partido Popular les ha bajado las pensiones a nuestros mayores puesto que pierden poder adquisitivo.

Un país democrático no puede permitir que la protección de nuestros mayores quede en manos de la ideología de tal o cual partido, sobre todo cuando esa ideología va encaminada a premiar a quien más tiene y deje sin protección a los más humildes. Tal y como estaba planteado hasta la llegada de Mariano Rajoy al Palacio de la Moncloa es un punto de partida para que el Sistema de Pensiones quede protegido por la Constitución Española.

La utilización de la crisis económica como argumento para la neutralización del Estado del Bienestar también está siendo utilizado por los partidos conservadores para intentar limitar las libertades civiles de los ciudadanos. La defensa del Estado Social determina que el pueblo se rebele contra ciertas decisiones de los gobiernos y, para limitar esa protesta, éstos suelen buscar medidas que retrotraigan dichas libertades que, además de ser uno de los fundamentos de cualquier régimen democrático, también forma parte del Estado del Bienestar de un modo indirecto, puesto que el uso de las mismas es uno de los puntales de defensa que tiene aquél ante las amenazas del liberalismo económico. Los gobiernos suelen tener bastante miedo a la presión de la calle y cuando gobierna un partido que ni siquiera en su funcionamiento interno tiene un espíritu democrático la tentación es la de reprimir las libertades civiles.

La nueva Ley de Seguridad Ciudadana es una vuelta a los tiempos en que los grises perseguían a aquellos que se atrevían a protestar durante la dictadura. Se trata del primer paso para la derogación encubierta de las libertades civiles de los ciudadanos. El Partido Popular, a través de su ministro de Interior, un hombre que tiene más aspecto de Comisario de la Dirección General de Seguridad que de ministro, ha impuesto a los españoles una Ley que amordaza estas libertades y que da impunidad a las malas praxis de las Fuerzas de Seguridad del Estado permitiendo los abusos. La Ley de la Mordaza va a imposibilitar la protesta social ante los atentados del Régimen Genovés. Quieren sumisión absoluta y el único medio que tienen es el de plantear un estado de pánico que evite que los ciudadanos salgan a la calle a protestar. Fernández Díaz lo plantea como un modo de evitar protestas violentas. Sin embargo, ¿ha habido protestas violentas desde que gobierna el PP? No. Ha habido conatos de enfrentamientos por parte de una minoría. Ha habido enfrentamientos con la Policía provocados, en algunos casos, por policías infiltrados entre los manifestantes. Quieren imponer el miedo, pero realmente quienes tienen miedo son ellos, es el poder. Felipe González, hablando de la época final del franquismo, hacía una reflexión sobre la debilidad de la oposición democrática al afirmar que tenían una sensación de que el Régimen era fuerte, pero que una visión retrospectiva daba una realidad muy diferente ya que el Régimen entraba en crisis por una simple asamblea de estudiantes en la universidad. Lo mismo parece que está ocurriendo ahora. Mariano Rajoy y su gobierno tienen miedo a los ciudadanos, mucho miedo. ¿Por qué? Yo tengo una teoría: no se han lanzado todavía hacia sus objetivos principales, que no sé cuáles son pero que me temo que van a ser muy lesivos hacia el pueblo y muy beneficiosos para las élites. Estas nuevas medidas que tomarán, unas impuestas por Bruselas —las menos—, y otras impuestas por su propia ideología no democrática —las más—, podrían provocar que el pueblo se rebelara. Ante esto, el PP quiere ponerse la venda antes que hacerse una herida.

Los derechos de manifestación y reunión están en peligro con estos dirigentes ultraconservadores, herederos del Movimiento Nacional franquista. Desde las altas instancias del partido se pide que se «modulen» estos derechos, tal y como se pretende con la Ley de Seguridad Ciudadana y que se limiten estos derechos fundamentales. Lo último lo tenemos en el grupo de estudio que pretende que no se realicen manifestaciones en un punto simbólico de España como es la Puerta del Sol porque afecta a la actividad económica. De nuevo el PP priorizando la economía, sobre todo la de El Corte Inglés, a los derechos de los españoles. ¿Qué hay más democrático que la protesta ciudadana pacífica? Sin embargo, el Partido Popular está legislando para que esa legítima protesta, que es una manera de expresar la legítima defensa ante medidas miserables por parte del poder, no se produzca. Ya se encargan desde sus medios de propaganda mediática de ocultar todo lo que pueden el descontento social.

Relacionado con lo anterior está la posible restricción o eliminación del derecho de huelga de los trabajadores. El éxito de la huelga de los empleados de la limpieza de Madrid abrió un camino que el PP no quiere que se abra. Los barrenderos mostraron que la lucha obrera da resultados y esto no lo pueden permitir quienes repudian todo lo relacionado con los derechos de los trabajadores. Mariano Rajoy y su partido quieren imponer unas condiciones de precariedad laboral y salarial que hagan que los trabajadores, con tal de no perder su empleo, acepten cualquier cosa. Los barrenderos de Madrid mostraron que no es así. Rajoy dijo que había que regular los servicios mínimos y su cumplimiento. No obstante, ¿cómo puede lucharse contra los abusos de empresarios y administraciones públicas si se imponen unos servicios mínimos del 75%? Eso sí que es un abuso y, como es injusto, es lícito que los trabajadores no cumplan dichos servicios mínimos. Rajoy quiere evitar que los trabajadores se rebelen modulando el derecho de huelga que, en el lenguaje eufemístico del PP, será una restricción del mismo o una derogación encubierta.

Las libertades civiles también deben ser blindadas en la Reforma de la Constitución. No se pueden dejar reductos para que un gobierno pueda restringirlas tal y como está haciendo el Partido Popular. No sólo se debe constatar su existencia en la Constitución sino que es necesario dejar claro que estas libertades no pueden ser menoscabadas por ninguna reforma legal. En lo referido a las libertades de expresión, asociación, reunión y manifestación no hace falta poner cuotas, simplemente que deben ser respetados en su concepción más maximalista, siempre y cuando se sigan los procedimientos de comunicación con las instituciones gubernamentales. Con respecto al derecho a la huelga sí que hay que incluir un desarrollo legal que determine el porcentaje máximo de servicios mínimos impuestos. Por ejemplo, el máximo sería del 40% en los casos donde la vida humana estuviera en riesgo, es decir, las huelgas de médicos. El resto de actividades no podrán ser impuestos unos servicios mínimos superiores al 15%.

El Estado del Bienestar y la democracia deben ser protegidos constitucionalmente porque sólo así se podrán evitar tentaciones autoritarias o privatizadoras de lo que es de todos.

¿QUÉ DEMOCRACIA QUEREMOS?

La crisis económica ha sacado a la luz muchos de los defectos que tiene nuestro sistema democrático, tal y como hemos visto en capítulos anteriores. Los ciudadanos se han dado cuenta que la democracia debe ser alimentada por todos y no solo por la clase dirigente.

La crisis económica también ha destapado el descontento generalizado del pueblo con su clase política. Primero fueron los movimientos sociales que se unieron en el 15M y los que han surgido a su sombra. Posteriormente, la aparición del partido *Podemos* ha recogido ese descontento con la política tradicional. Una de las consignas que más se gritaba era «lo llaman democracia y no lo es». Otra de las más repetidas era «que no, que no, que no nos representan». Ese desapego hacia el actual sistema lo que realmente reclamaba es una mayor participación de los ciudadanos en las decisiones que les afectan en su vida diaria. Pero, ¿de qué modo se podrían aplicar medidas o protocolos por los cuales los ciudadanos tuvieran capacidad de influir en el Poder Legislativo? ¿Qué modelo de democracia habría que implementar para ello? ¿Es necesaria la ruptura del sistema representativo para favorecer dicha participación?

La desafección hacia la clase política ha provocado que muchos ciudadanos se sientan utilizados al comprobar que sus necesidades reales no son cubiertas por las decisiones del gobierno. A muchos les da la sensación de que sólo se tiene en cuenta la voz del pueblo cuando se acercan periodos electorales. Una vez votado, todo olvidado. Se encuentran con la indefensión de que se legisla en favor de intereses externos, de presentar estadísticas sin que se les consulte.

Queda claro que el actual sistema representativo debe modificarse para dar una mayor participación a los ciudadanos, pero ¿de qué modo? ¿Vamos hacia la implantación de la democracia directa, asamblearia? ¿Destrozamos el sistema representativo que funciona en todos los países desarrollados de occidente?

Como ya hemos visto en capítulos anteriores, durante los años de la Transición se decidió aplicar un sistema donde se priorizara la actividad de los partidos políticos con el fin de poner unos cimientos fuertes al nuevo sistema que se estaba construyendo tras casi cuarenta años de dictadura. Eran necesarias unas mayorías fuertes que dieran estabilidad. Sin embargo, una vez afianzada la democracia se debieron realizar las reformas tanto del sistema electoral como del modo de representación. No se hizo porque la falta de participación de los españoles entra casi dentro de su ADN y no había exigencia de ello más allá de momentos puntuales. Por tanto, para cambiar el modelo de contribución del pueblo a la gobernanza del país hay que comenzar un proyecto desde los cimientos. Hay que cambiar el modelo de elección de los representantes yendo hacia un patrón donde éstos tengan una obligación de rendir cuentas a sus electores. Unos lo llaman listas abiertos, otros lo llaman sistema mayoritario unipersonal. Sea como sea tiene que buscarse el modelo por el cual el representante en las instituciones públicas tienen que responder a las necesidades de su circunscripción y no tanto a las estrategias de partido. Las actuales listas cerradas provocan que sea la asociación política la que determina incluso la disciplina de voto en el Parlamento, evitando que el representante pueda votar medidas que perjudiquen a la circunscripción por la que fue elegido. El Gobierno del Partido Popular ha dado la autorización para las prospecciones petrolíferas en las Islas Canarias. Con el sistema actual de disciplina de voto de los partidos incluso los diputados populares canarios votarían a favor, independientemente de la opinión y de los intereses de quienes le votaron.

Queda claro que hay que cambiar nuestra democracia para que los ciudadanos tengan una mayor participación en las decisiones, pero sin llegar al asamblearismo que proponen algunos que se creen en posesión de la verdad absoluta y que tratan de embaucar al pueblo con promesas de una Arcadia utópica que haría más daño que beneficio. En la actualidad los ciudadanos tienen la posibilidad de presentar Iniciativas Legislativas Populares ante el Parlamento, pero se ha demostrado que son ineficaces, dado que prácticamente en su totalidad no fueron tomadas en cuenta por el Congreso. La Iniciativa Legislativa Popular (ILP) está regulada en el ordenamiento jurídico español. La Constitución la prevé en su artículo 87.3: *«Una ley orgánica regulará las formas de ejercicio y requisitos de la iniciativa popular para la presentación de proposiciones de ley. En todo caso se exigirán no menos de 500.000 firmas acreditadas. No procederá dicha iniciativa en materias propias de ley orgánica, tributarias o de carácter internacional, ni en lo relativo a la prerrogativa de gracia».*

Los ciudadanos que quieran presentar una Iniciativa Legislativa Popular deben presentar la documentación de la misma en la Mesa del Congreso de los Diputados. Ésta examina dicha documentación y debe pronunciarse en un plazo no superior a 15 días sobre si la admite o no. El medio millón de firmas deben ser recogidas en un plazo de 9 meses, plazo que se puede prorrogar si existe causa mayor. Si la ILP consigue las firmas y se inicia la tramitación parlamentaria el Estado hace frente a los costes derivados de la promoción, difusión y recolección de firmas. En la fecha en que se escriben estas líneas se han presentado un total de 66 Iniciativas Legislativas Populares desde el año 1977, de las cuales sólo 12 superaron las 500.000 firmas, siento todas rechazadas o retiradas por los promotores, como ocurrió con la presentada por la Plataforma de Afectados por la Hipoteca para la regulación de la dación en pago, la paralización de desahucios y la creación del alquiler social. Por tanto, en 34 años sólo han presentado 66 ILP. Esta es una de las causas por la que aquellos que pretenden cambiar el sistema representativo actual por el asambleario se van a chocar contra el muro del apoliticismo del pueblo español.

La democracia española debe orientarse hacia un modelo más participativo para los ciudadanos sin llegar a entrar en el asamblearismo, sistema éste que la historia ha demostrado que es más un sueño que una realidad por su ineficacia. Las listas abiertas en las elecciones es un modo que podría ampliar esa mayor participación, pero hay otros que veremos a continuación.

El mayor problema que podemos encontrarnos a la hora de introducir una mayor participación del pueblo en las decisiones del Estado es el modo de encajar dicha participación en los mecanismos de la democracia representativa. Si existe un Parlamento en el que los ciudadanos han elegido a sus representantes, ¿qué mecanismos harían falta para incluir la voz del pueblo? Un ejemplo de participación lo tenemos en los plenos de los ayuntamientos donde se da voz, pero no voto, a quienes quieren exponer sus problemas. Sin embargo, este sistema, a nivel nacional, sería prácticamente imposible manejar desde un punto de vista logístico.

Realmente el debate no está en el cómo sino en el concepto mismo de democracia participativa. Los defensores de ésta arguyen que el sistema ofrece al pueblo la posibilidad de participar directamente en las decisiones que les afectan y que tienen como finalidad el desarrollo de una sociedad más justa. La participación ciudadana se puede desarrollar a través de diferentes medios que encajan a la perfección en la estructura de la democracia representativa. Sin embargo, esta participación no ha de limitarse a que las autoridades gubernativas se presenten a los ciudadanos con un tamiz o un cristal en el que sólo son testigos de las mismas, como desde algunos sectores neoconservadores se apunta, sino que el modelo participativo implica escuchar a pueblo y buscar medios para poder encauzar acciones políticas, sociales o económicas surgidas desde el pueblo y que éste pueda tener capacidad de decisión sobre las mismas.

Lo más lógico es implementar una priorización de asuntos sobre los que a los ciudadanos tendrían capacidad de decisión a través de referéndums, plebiscitos o consultas ciudadanas. Asuntos como las políticas de empleo o las políticas de protección social deberían ser refrendadas por el pueblo en la medida en que sus efectos les repercuten directamente. Sin embargo, hay que tener mucho cuidado con esto, ya que a un pueblo se le puede agotar con demasiadas citas plebiscitarias y, al final, tomar acuerdos por la decisión de una minoría.

De ahí que la incorporación de un sistema de elección de representantes por medio de listas abiertas es un buen método para que los políticos respondan ante sus electores y no ante las estrategias de los partidos. La obligación de que el representante se reúna con aquellos que le votaron y que sean éstos a quien debe rendir cuentas y quienes le marcan la estrategia a seguir en el Parlamento es el modo más eficaz. Hay un ejemplo que se pone siempre que se habla de este tema y es el de un diputado británico que no se reúne con el Primer Ministro porque ya tiene convocada una reunión con sus electores. Esta priorización es lo que hace falta.

Evidentemente, hay asuntos en los que se debería consultar a la ciudadanía. Un modelo de representación no es antónimo de un modelo participativo directo. Lo queda claro es que el asamblearismo que predican algunos sería dar muchos pasos atrás por un sistema que no ha funcionado jamás.

LAS SOLUCIONES MÁGICAS NO REGENERAN LA DEMOCRACIA

La irrupción de PODEMOS en la vida política española es un fenómeno que requiere un estudio intenso y riguroso. ¿Por qué una asociación política con apenas tres cuartos de año de vida está logrando una aceptación tan grande entre los ciudadanos? ¿Qué tiene PODEMOS o su mensaje que no tienen los partidos tradicionales? ¿Han sabido recoger el descontento de los ciudadanos hacia la clase política? Lo que está claro es que parece que han acertado con el tono de su discurso para hacerlo interesante. Sin embargo, ¿es viable PODEMOS como fuerza de gobierno? Personalmente, creo que no porque las soluciones que ellos están aportando están marcadas por algo que es efectivo de cara al pueblo, pero que no lo es en lo referido a la ejecución de acciones de gobierno. El proyecto de la formación de Pablo Iglesias, Juan Carlos Monedero e Íñigo Errejón está basado en una base muy simple: prometer lo que los ciudadanos quieren oír, endulzar los oídos de los votantes con propuestas que son irrealizables, utópicas o que llevarían al desastre al país. Esa forma de hacer política se llama populismo, y, tal y como ha demostrado la Historia, el populismo lleva siempre hacia el totalitarismo.

La crisis económica ha destapado muchos de los defectos de la clase política española y, sobre todo, ha desmontado la estructura de la democracia que fue aprobada por todos los españoles durante la Transición. De igual modo, el descontento de los ciudadanos ha hacho evidente que es necesaria una renovación de nuestra democracia, una regeneración basada en los cimientos que se pusieron tras la muerte de Franco. Sin embargo, los miembros de PODEMOS, un sector amplio de Izquierda Unida y los movimientos ciudadanos, hablan de nuestra democracia actual como de Régimen, el «Régimen del 78», tal y como se podría hablar de una dictadura. Esto es una falacia y un aprovechamiento del descontento ciudadano para debilitar a la propia democracia con el único fin de lograr los apoyos suficientes para desmotar a la misma e implantar un sistema basado en el asamblearismo. PODEMOS asimila la democracia representativa, sistema que está implantado en todos los países occidentales y que ha demostrado que funciona, con dictadura de la casta. Es evidente que los ciudadanos deben tener una mayor participación y que ésta hay que ampliarla. No obstante, de esa democracia participativa necesaria a una democracia asamblearia hay mucha distancia. Hay muchos métodos para ampliar la participación del pueblo en las decisiones de los dirigentes. Desde luego, el asamblearismo no lo es ya que debilitaría a las instituciones de tal modo y las ralentizaría en la toma de decisiones que el colapso quedaría garantizado. Además, en un país tan poco participativo en política como es España, se daría pie a que el gobierno del Estado quedara en manos de minorías. El planteamiento de esta «nueva izquierda» se basa en algo tan simple como que el pueblo es bueno y las élites políticas y económicas son malas y, por tanto, hay que acabar con ellas dando al pueblo todo el poder, es decir, que preconizan algo que viene del siglo XIX y adaptarlo a la situación actual: transformar la dictadura del proletariado de Marx en la democracia asamblearia del siglo XXI. Es muy bonito, muy hermoso y muy atrayente, pero es irreal. Lo más peligroso de este planteamiento es la transformación que va sufriendo su interpretación de la realidad y de la política a medida que las encuestas les van dando más apoyo ciudadano: PODEMOS está pasando de la lucha de los de abajo contra los de arriba en la confrontación de ellos contra los demás, el «o ellos o nosotros» que ha mantenido a regímenes autoritarios en el poder. Los ejemplos históricos de ello son múltiples.

La crisis económica y las políticas de austeridad impuestas desde instituciones supranacionales también son la base para la presentación de una serie de medidas totalmente inviables pero que a los ciudadanos les parecen interesantes. Veamos algunas de ellas. El partido de Pablo Iglesias propone hacer una auditoría de la deuda pública y decidir qué parte pagar y qué parte no pagar. Esto es muy hermoso, pero no es viable, además de traer consigo un castigo innecesario para la clase trabajadora y el propio Estado del Bienestar, poniendo en peligro el propio sistema de pensiones, por ejemplo, además de la pérdida de sus ahorros de millones de españoles. Por otro lado, hay que tener en cuenta que no pagar la deuda generaría que nuestro país quedara fuera de los mercados, que no podría financiar la sanidad o la educación y que habría que realizar un ajuste de más de 60.000

millones de euros, lo que llevaría a un aumento del paro en más de medio millón de personas. Por otro lado, el impago de la deuda aumentaría los tipos de interés para familias y pequeñas empresas.

Podemos propone, como fórmula para crear empleo y luchar contra el desempleo juvenil, la jubilación a los 60 años. En el titular estoy de acuerdo con ellos, sin embargo, esta solución es inviable, sobre todo porque nuestro actual sistema de pensiones está basado en que las cotizaciones de los trabajadores paguen las pensiones de los jubilados. Es una solución que juega más con los datos que con la realidad, dado que esta propuesta es viable si se fomenta el incremento de la natalidad y los efectos de un «baby boom» se traducen pasados, al menos, 25 años desde su implantación. Lo que Podemos pretende es bajar la tasa de desempleo sin crearlo y, además, dejar el sistema de pensiones en quiebra puesto que el pago de su pensión a los nuevos jubilados no podría cubrirse con las cotizaciones de los nuevos empleados. Se sustituye empleo, no se crea. Una solución mágica que no es tan mágica.

Por otro lado, el partido de Pablo Iglesias propone el pago de una renta básica para todos los españoles. ¿Pretenden eliminar las prestaciones por desempleo para sustituirlas por esta renta básica? Los propios responsables económicos de PODEMOS cifran la inversión neta necesaria para ello de más de 150.000 millones de euros. Si lo extrapolamos a niveles de renta que no estén por debajo de los niveles de pobreza (646 euros/mes) el coste aumentaría a los 200.000 millones de euros, es decir, un 20% de PIB. ¿Cómo se va a lograr que la economía española pueda soportar estas cantidades? Según el partido de Pablo Iglesias a través de una reforma progresiva del IRPF que se focalice en subidas impositivas a las clases altas, a la casta, a los ricos. Esta reforma fiscal lo que traería una fuga de capitales de España, como ya ha ocurrido en otros países, una salida de inversiones, cierre de empresas que provocaría un aumento del desempleo y, por tanto, una bajada de la recaudación. Entonces, ¿cómo lo van a financiar si a quien iría dirigida ha enviado su capital o su actividad empresarial fuera del país? ¿Subirán entonces los impuestos a la clase trabajadora de renta media? ¿Convertirán también a estos trabajadores en casta?

Es muy hermoso prometer esa renta básica, pero las consecuencias a la hora de hacer frente a esos costes generarán más problemas que soluciones.

En lo referente a las empresas, PODEMOS propone que se prohíban los despidos en empresas con beneficios. Esto es lógico, pero, ¿sólo los despidos colectivos que incentivó la Reforma Laboral del PP o todos los despidos? Este matiz es importante, porque un trabajador que no cumpla con sus obligaciones se puede ver amparado por esta prohibición y mantener su puesto de trabajo, de igual manera que un trabajador con altos niveles de absentismo. Si se aplicara a todos los despidos, la productividad se resentiría y los beneficios pasarían a pérdidas y, si hay pérdidas, aumentará el desempleo. Otra de las soluciones mágicas del partido de Pablo Iglesias en lo referido a las empresas es la nacionalización de empresas de sectores estratégicos. Es maravilloso el mensaje de devolver al pueblo lo que es del pueblo, pero no es viable. ¿Alguien de PODEMOS ha calculado el coste para las arcas del Estado de dicha nacionalización? Nacionalizar significa expropiar, y esto no es gratis. Cuando Argentina nacionalizó

YPF tuvo que indemnizar a Repsol. Lo mismo ocurrió en Bolivia o en Venezuela. PODEMOS habla de sectores como la energía o las telecomunicaciones. ¿Cuánto les costaría a los españoles la nacionalización de multinacionales como Telefónica, Endesa, Iberdrola, Gas Natural Fenosa, Vodafone u Orange, por poner algunos ejemplos? Billones de euros.

Estas son algunas de las propuestas que hace el partido de Pablo Iglesias. Como verán son inviables. Es evidente que hay cambiar muchas cosas, que hay que modificar el modo en que se relacionan los ciudadanos con las instituciones del Estado. Es evidente que hay que caminar hacia un modelo de Estado en que se busquen soluciones reales para los problemas reales antes que buscar soluciones desde arriba. Y ahí es donde debe estar la izquierda. Sin embargo, PODEMOS quiere ir a un planteamiento en el que todos y cada uno de los que han tenido representación parlamentaria son responsables de todas las carencias o de la falta de evolución de la democracia y del funcionamiento del Estado. PODEMOS, dentro de su dogmatismo, no entiende que el verdadero rival está en los partidos de derecha y no en los progresistas, ya sea el PSOE, ya sea IU. Ellos lo resuelven utilizando un argumento que ya parecía olvidado: ellos no se consideran de izquierdas ni de derechas porque el verdadero problema está en la lucha entre los de abajo contra los de arriba, es decir, el mismo argumento que soportó las revoluciones del siglo XIX. Ellos se autoproclaman como los únicos representantes de los de abajo. El resto es casta.

Esta argumentación es engañosa y falsa. No se puede permitir que nadie le niegue a los partidos de izquierda de España la responsabilidad decisiva que han tenido en la construcción del Estado del Bienestar. En el caso del PSOE fue quien lo implementó durante los gobiernos de Felipe González, además de dar derechos civiles a quienes no los tenían durante las legislaturas de Rodríguez Zapatero.

Lo peor es que llevan ese dogmatismo viene acompañado de un tono de superioridad moral sobre el resto que se hace insoportable, en algunos casos hasta repugnante. Personalmente les veo como al trabajador de base de una empresa que se pasa el día protestando contra sus mandos intermedios, pidiendo soluciones inviables, diciendo constantemente que la empresa se gestiona mal, que todo va mal mientras dogmatiza a sus compañeros. Llega un momento en que ese trabajador es ascendido a mando intermedio y se da cuenta de los recursos de los que dispone, lo que factura su departamento y la producción que genera. Es en ese momento en que se da cuenta de la irrealidad de sus propuestas.

Soy defensor de la unidad total de la izquierda para sacar del poder a la derecha más destructiva de Europa. Sin embargo, el dogmatismo y la demagogia del partido de Pablo Iglesias, y de quienes están abandonando sus principios para subirse a su carro, me hacen pensar que es un imposible, sobre todo porque da la sensación de que los que se creen con superioridad moral para dar lecciones de democracia y se arrogan el título de defensores de «los de abajo» tienen como enemigos a la propia izquierda más que a la derecha, olvidándose interesadamente para rascar la olla de votos, de que quien trajo el Estado del Bienestar a España fue la izquierda, fue el PSOE, aunque, claro, los derechos de las mujeres no son temas prioritarios.

PODEMOS quiere ganarse al pueblo español a través de promesas y de soluciones imposibles. La magia no funciona cuando se gobierna un país. Endulzar el oído del pueblo con propuestas que suenan tan bien como los cuentos de los Grimm o de Perrault es también traicionar a los ciudadanos. O eso, o llevarnos a la ruina.

ÍNDICE

www.ingramcontent.com/pod-product-compliance
Lightning Source LLC
Chambersburg PA
CBHW030425290526
45786CB00001B/148